Visiones de hoy

Robert B. Brown
Upsala College

Barry J. Luby
*John Jay College of Criminal Justice of the
City University of New York*

 Harcourt Brace Jovanovich, Inc.

New York   Chicago   San Francisco   Atlanta

ACKNOWLEDGMENTS

The editors wish to thank the following persons and institutions for permission to reprint material appearing in this volume.

Max Aub, for "Uba-Opa."

Paul Blackburn, Agent, for "Tema para un tapiz" and "Cuento sin moraleja" by Julio Cortázar. © Copyright Editorial Sudamericana, Buenos Aires, 1962.

Jorge Luis Borges, for "Everything and Nothing" and "La forma de la espada."

Camilo José Cela, for "Doña Laurita" and "El profesor de la asignatura."

Miguel Delibes, for "En una noche así."

Fondo de Cultura Económica, Mexico, D.F., for "Alarma para el año 2000" and "Teoría de Dulcinea," from *Confabulario Total,* by Juan José Arreola.

Juan Goytisolo, for "Los amigos."

Ramón Sender, for "El buitre."

ISBN: 0–15–594930–6

Library of Congress Catalog Number: 71-152577

Printed in the United States of America

Preface

Visiones de hoy is a reader designed to introduce the student with a basic knowledge of Spanish to the rich contemporary literature of the Hispanic world through the medium of the short story. To aid the student in his transition from the artificial, carefully structured readings usually found in beginning courses to the complete, unedited works in his later literature courses, we have selected twelve stories by outstanding Spanish and Spanish American authors. We have presented these stories in their approximate order of difficulty and provided them with abundant study aids—facing-page glosses, questions, and numerous exercises for both oral and written performance. These exercises are described in detail in the Introduction.

The stories themselves, which have not been simplified or altered in any way, were chosen with the varied interests of the contemporary student in mind. Julio Cortázar's "Tema para un tapiz," Juan José Arreola's "Alarma para el año 2000," and Ramón Sender's "El buitre" explore the morality of war and the "glory" of the warrior. Jorge Luis Borges' stories "Everything and Nothing" and "La forma de la espada" are concerned with the problem of identity. Camilo José Cela's "Doña Laurita" and "El profesor de la asignatura" are caricatures created with wry, biting humor. "Los amigos" of Juan Goytisolo is a story of student revolt that ends with an ironic about-face. Arreola's "Teoría de Dulcinea" is a completely modified vision of Cervantes' maid of Toboso. "Uba-Opa," a tale of racial irony, rectifies the oldest of biblical stories. And certainly one of the saddest Christmas tales in any language is told by Miguel Delibes in "En una noche así."

We feel that language skills can be brought into better focus by the use of such meaningful selections and exercises. We hope that by appealing to the student's interest in contemporary problems the usual difficulties associated with grammar study can be more painlessly surmounted.

R. B. B.

B. J. L.

Contents

Introduction

Visiones de hoy is designed to eliminate a compartmentalized approach to language. Instead of drilling on individual aspects of grammar—the future, the irregular preterits, the subjunctive—each selection allows for a nearly total language experience.

The transition from the topical study of grammar to its overall presentation in unedited literary texts has always been difficult on the intermediate level. This text makes use of drill techniques which

(1) consolidate the student's language skills at the intermediate level within the framework of unedited literature,

(2) refine these new skills with progressively difficult selections, and

(3) ultimately develop the ability to retell a story in running conversation by means of short verbal cues.

Drill Techniques

1. Synthetic Exercises

The first technique is that of synthetic exercises, made up of "dehydrated" sentences, which immediately follow all but the last story.

The student is presented with a series of key words which paraphrase the thought content of the story and is asked to "fill in" the grammar. These cues are less demanding in the beginning. For example, the sentence

Doscientos infantes se pasan al general.

which appears after the first selection is condensed to

Doscientos / infante / pasarse a / general.

but should it appear later in the text it would be further condensed to

Dos / ciento / infante / pasarse / general.

The student would then be responsible for adjusting the number, and for supplying the plural subject *infantes,* the inflected verb *se pasan,* and the contracted preposition and article *al.*

The synthetic exercises require only the tenses which would be employed in a logical retelling of the story. For example, in Juan José Arreola's "Alarma para el año 2000" both the present and future would adequately describe the basic thought of the story. Drill on superfluous tenses which do not logically apply to a given story would not contribute to the ultimate goal of this text, which is to develop in the student the skill of organizing logical, running commentary on the content of the story.

2. Express in Spanish

While the synthetic exercises acquaint the student with both vocabulary and structure, the express-in-Spanish drills, used in all but the last two stories, emphasize his responsibility for the meaning of the text.

The student has already dealt with the same sentences in the synthetic exercises. He is now made aware of the contrasts between English and Spanish structures (for example, *Nunca dicen nada a nadie* with *They never say anything to anybody*). This will avoid future carry-over from English to Spanish since all major contrasts have been italicized in the English sentences. We recommend that the English in the exercises *not* be read aloud in the classroom.

3. Questions

The first two drill techniques have prepared the student to construct a sentence and then to restate it in terms of its contrast with English. The third series of exercises confirms his complete comprehension within the context of Spanish. This could not have been accomplished with maximum fluency had he been' responsible for the questions immediately after reading the text.

4. Conversational Cues

Beginning with the fifth selection, a series of minimum verbal cues is introduced. After the student has learned to respond to the single sentence cues, he should be able to take the step toward fluent conversation based on the story. The last selection is followed only by the conversational cues since the student can reasonably be expected to develop blocks of ideas in conversation at this more advanced level.

5. Discussion Topics

The discussion topics are designed to encourage discussion on general aspects of the literary value of each selection. The student is urged to use all vocabulary learned in previous exercises as well as to select from the additional vocabulary under each topic in formulating answers. This additional vocabulary is in no way a lead to "prompt" specific answers, but only a working addendum, and is included in all but the final selection. The instructor is also urged to add topics of his own since those listed cannot be comprehensive and are only intended to initiate discussion.

6. The Syllabus

All exercises including the final conversational cues are arranged so that the material under each letter always deals with the same portion of the story. This enables the instructor to pace the work in the classroom according to time and to the overall level of student preparation; he may choose any number of lettered sections depending on the tempo to be set. Finally, while all drill work is primarily oral, and the instructor should require maximum fluency, any portion of the exercises can and should be assigned for written work from time to time.

Julio Cortázar

Born in Belgium of Argentinian parents, Julio Cortázar (1914–) is best characterized by his eclectic and experimental vision of literature. He admits to a preference for English and French letters, but is also widely read in German, North American, Italian, and Oriental literature and culture. His short fictional works are: *Los reyes* (1949), a series of dialogs on the theme of the Cretan Minotaur; *Bestiario* (1951), which marks his initiation into the literature of fantasy; *Final del juego* (1956); *Las armas secretas* (1959); *Historia de famas y cronopios* (1962). His novels are *Los premios* (1960) and the "anti-novel," *Rayuela* (1963) translated into English as *Hopscotch.* Cortázar and his wife, Aurora Bernárdez, live in Paris and work as free-lance translators for UNESCO.

Cortázar's short stories are a blend of sardonic wit, irony, and fantasy. These elements are apparent in the first short selection, in which a single warrior's convictions and bravery are sufficient to defeat a general and his army.

Note on vocabulary glosses *English equivalents* are given which, in some cases, do not reflect exact dictionary meanings but reflect most closely the Spanish textual sense. For gender identification, consult the end vocabulary.

tapiz   tapestry

sólo   only

tienda   tent   **proclama**   proclamation

paloma mensajera   carrier pigeon   **derramar**   to scatter

infante   infantry soldier   **pasarse a**   to defect   **escaramuza**   skirmish

bando   side   **enemigo**   enemy soldier

rodear   to surround   **ejército**   army   **transcurrir**   to pass

alba   dawn   **desenvainar**   to unsheath

hacia   toward

sale el sol   the sun rises

Tema para un tapiz

El general tiene sólo ochenta hombres, y el enemigo cinco mil. En
su tienda el general blasfema y llora. Entonces escribe una proclama
inspirada, que palomas mensajeras derraman sobre el campamento
enemigo. Doscientos infantes se pasan al general. Sigue una escaramuza que el general gana fácilmente, y dos regimientos se pasan a   5
su bando. Tres días después el enemigo tiene sólo ochenta hombres
y el general cinco mil. Entonces el general escribe otra proclama, y
setenta y nueve hombres se pasan a su bando. Sólo queda un enemigo,
rodeado por el ejército del general que espera en silencio. Transcurre
la noche y el enemigo no se ha pasado a su bando. El general blas-   10
fema y llora en su tienda. Al alba el enemigo desenvaina lentamente
la espada y avanza hacia la tienda del general. Entra y lo mira. El
ejército del general se desbanda. Sale el sol.

Synthetic Exercises

NOTE: *A comma which appears after a word indicates that the
Spanish word* y *(and) should be added. For example,*
Ellos / hablar, / escribir *would be expanded to* ellos
hablan y escriben.

A.
1. General / tener / sólo / ochenta / hombre. (*pres. and imp.*)
2. Enemigo / tener / cinco / mil / hombre. (*pres. and imp.*)
3. En / su / tienda / general / blasfemar, / llorar. (*pres. and
   imp.*)
4. Entonces / escribir / proclama / inspirado. (*pres. and pret.*)
5. Palomas / mensajero / derramar / proclama / sobre / compa-
   mento / enemigo. (*pres. and pret.*)
6. Doscientos / infante / pasarse a / general. (*pres. and pret.*)

B.
7. Seguir / escaramuza / que / general / ganar / fácil–. (*pres.
   and pret.*)
8. Dos / regimiento / pasarse a / su / bando. (*pres. and pret.*)
9. Tres / día / después / enemigo / tener / sólo / ochenta /
   hombre. (*pres. and imp.*)
10. General / tener / cinco / mil / hombre. (*pres. and imp.*)
11. Entonces / general / escribir / otro / proclama. (*pres. and
    pret.*)
12. Setenta, / nueve / hombre / pasarse a / su / bando. (*pres.
    and pret.*)
13. Sólo / quedar / uno / enemigo / rodeado / por / ejército /
    general. (*pres. and imp.*)
14. Enemigo / encontrarse / rodeado / por / ejército. (*pres. and
    imp.*)
15. Este / ejército / general / esperar / en / silencio. (*pres. and
    imp.*)

C.
                    pres.   *pres. perf.*
16. a. Transcurrir / noche, / enemigo / no / haberse pasado a /
       su / bando.
                    pret.   *pluperf.*
    b. Transcurrir / noche, / enemigo / no / haberse pasado a /
       su / bando.

17. General / blasfemar, / llorar / en / su / tienda. (*pres. and imp.*)
18. A / alba / enemigo / desenvainar / lenta– / espada. (*pres. and pret.*)
19. Enemigo / avanzar / hacia / tienda / general. (*pres. and pret.*)
20. Enemigo / entrar, / mirar / lo. (*pres. and pret.*)
21. Ejército / general / desbandarse. (*pres. and pret.*)
22. Salir / sol. (*pres. and pret.*)

Express in Spanish

> NOTE: *Express all sentences in the present tense, then repeat the exercise in the appropriate past tenses.*

A.

1. The general has only eighty men.
2. The enemy has five thousand men.
3. In his tent the general is swearing and weeping.
4. Then he writes an inspired proclamation.
5. Carrier pigeons scatter the proclamation over the enemy camp.
6. Two hundred infantrymen defect to the general.

B.

7. A skirmish follows which the general wins easily.
8. Two regiments defect to his side.
9. Three days later the enemy has only eighty men.
10. The general has five thousand men.
11. Then the general writes another proclamation.
12. Seventy-nine men defect to his side.
13. Only one enemy (soldier) remains (who is) surrounded by the army of the general.
14. The enemy (soldier) finds himself surrounded by the army.
15. This army of the general waits in silence.

C.

16. a. The night passes, and the enemy (soldier) has not defected to his side.
    b. The night passed, and the enemy (soldier) had not defected to his side.
17. The general swears and weeps in his tent.

18. At dawn, the enemy (soldier) slowly unsheaths *his* sword.
19. The enemy (soldier) advances toward the general's tent.
20. The enemy (soldier) enters and looks at him.
21. The general's army disbands.
22. The sun rises.

Questions

NOTE: *The instructor will repeat the question in the suggested past tense and the student will respond in the appropriate past tense.*

A.

1. ¿Cuántos hombres tiene el general? (tenía)
2. ¿Cuántos tiene el enemigo? (tenía)
3. ¿Qué hace el general en su tienda? (hacía)
4. ¿Qué escribe el general? (escribió)
5. ¿Quiénes la derraman sobre el campamento enemigo? (derramaron)
6. ¿Qué hacen doscientos infantes? (hicieron)

B.

7. ¿Qué sigue y quién gana? (siguió; ganó)
8. ¿Qué hacen dos regimientos del enemigo? (hicieron)
9. ¿Cuántos hombres tiene el enemigo tres días después? (tenía)
10. ¿Cuántos tiene el general? (tenía)
11. Entonces ¿qué hace el general? (hizo)
12. ¿Qué hacen setenta y nueve hombres del enemigo? (hicieron)
13. ¿Cuántos quedan del bando del enemigo? (quedaban)
14. ¿Cómo se encuentra este enemigo? (se encontraba)
15. ¿Cómo espera el ejército del general? (esperaba)

C.

16. Al transcurrir la noche, ¿se ha pasado el enemigo al bando del general? (se había pasado)
17. ¿Qué hace el general en su tienda? (hacía)
18. Al alba, ¿qué hace el enemigo? (hizo)
19. ¿Hacia dónde avanza el enemigo? (avanzó)
20. ¿Qué hace el enemigo en la tienda del general? (hizo)

21. ¿Qué hace el ejército del general? (hizo)
22. ¿Qué pasa entonces? (pasó)

Discussion Topics

NOTE: *Each topic is followed by three columns of vocabulary: (1) nouns and proper names; (2) adjectives (the adverbial suffix* —mente *in most cases can be added to adjectives with the proper adjustments); and (3) verbs and idioms. This vocabulary is not meant to prompt an answer, but rather to act only as an auxiliary aid to be accepted or rejected in formulating answers.*

1. Nombre usted algunas características del estilo de esta selección.

frase	corto, breve,	constituir
párrafo	sucinto	contener
cláusula	largo	faltar
diálogo	retórico	
cuento, historia,	simple	
relato	narrativo	
narración	descriptivo	
descripción		
contenido		
brevedad		

2. Comente usted los motivos posibles del único enemigo que no se pasó al campamento del general.

atrevimiento	atrevido	mostrarse
cobardía	cobarde	actuar
convencimiento	decidido	proceder
misión	vacilante	destruir
valor	convencido	
falta	guerrero	

3. ¿De qué efectos visuales se vale Cortázar para su tapiz?

		mencionar
		referirse a

4. ¿Por qué habrá puesto el autor el nombre "tema" en su título?

moraleja
comentario
simplicidad
desarrollo
declaración
intención

implícito
restringido
amplio
primario
secundario

declarar
desarrollar
aumentar
disminuir
por eso
por lo tanto
A mi me parece
   que . . .
A mi modo de ver,
   pensar . . .
Estar convencido
   de que . . .

Juan José Arreola

Most of Juan José Arreola's works have been collected in two editions of the *Confabulario total (1941–1961)*. A later edition updates the selections to 1965. Born in Zapotlán el Grande, Mexico, in 1918, he was one of fourteen children, was largely self-educated, and professes to have held twenty jobs since 1930. He is presently active on the staff of the editorial house Fondo de Cultura Económica in Mexico City.

Arreola's *Confabulario* displays a curious mixture of existential despair and fantasy. In "Alarma para el año 2000" he warns humans, who have become living time bombs, that only one recourse exists to prevent the individual from "exploding."

¡Cuidado! Beware!   a punto de on the verge of   estallar to explode
amada beloved   hacer explosión to explode
en brazos de in the arms of   amante lover   vejado censured
aprehender to apprehend, seize   negarse a to refuse
apartado distant   rincón corner   resonar to resound, echo
estrépito deafening noise, crash   últimos descontentos the most recent
group of protesters   tuétano marrow   debidamente duly
fémur thighbone   falange joint   a voluntad at will   Basta con
One need only   apoyar to rest (i.e., place)   bóveda palatina roof
of the mouth   reflexión colérica angry thought   índice index, level
quimismo chemistry   ¡cataplum! boom!   en derredor round about
llovizna shower   ceniza ash   grumo cluster   viscoso viscous
Fragmentos ... bromo Cobweb-like fragments with a slight nauseous odor
like that of bromine
No hay más remedio que ... There is no other choice but ...

Alarma para el año 2000

¡Cuidado! Cada hombre es una bomba a punto de estallar. Tal vez
la amada hace explosión en brazos de su amante. Tal vez . . .
Ya nadie puede ser vejado ni aprehendido. Todos se niegan a
combatir. En los más apartados rincones de la tierra, resuena el
estrépito de los últimos descontentos.   5
El tuétano de nuestros huesos está debidamente saturado. Cada
fémur y cada falange es una cápsula explosiva que se opera a voluntad. Basta con apoyar fuertemente la lengua contra la bóveda palatina
y hacer una breve reflexión colérica . . . 5, 4, 3, 2, 1 . . . el índice de
adrenalina aumenta, se modifica el quimismo de la sangre y ¡cata-   10
plum! Todo desaparece en derredor.
Cae después una ligera llovizna de ceniza. Pequeños grumos vis-
cosos flotan en el aire. Fragmentos de telaraña con leve olor nausea-
bundo como el bromo: es todo lo que queda del hombre que fue.
No hay más remedio que amarnos apasionadamente los unos a los   15
otros.

Synthetic Exercises

NOTE: *All verbs should be conjugated first in the present and then in the future tense.*

A.

1. Cada / hombre / ser / bomba / a punto de / estallar.
2. Tal vez / amada / hacer / explosión / en brazos de / su / amante.
3. Nadie / poder / ser / vejado.
4. Todos / negarse a / combatir.
5. En / todo / partes / resonar / estrépito / último /descontentos.

B.

6. Tuétano / de / nuestro / huesos / estar / saturado.
7. Cada / fémur / ser / cápsula / explosivo.
8. Bastar / con / apoyar / fuerte– / lengua / contra / bóveda / palatino.
9. Bastar / con / hacer / breve / reflexión / colérico.
10. Indice / de / adrenalina / aumentar.
11. Modificarse / quimismo / de / sangre, / ¡cataplum!

C.

12. Todo / desaparecer / en derredor.
13. Caer / después / ligero / llovizna / ceniza.
14. Pequeño / grumos / viscoso / flotar / en / aire.
    (*3rd sing.*)
15. Ser / todo / lo que / quedar / de / hombre.
16. No / haber / más / remedio / que / amar / nos / el / unos a / el / otros.

Express in Spanish

NOTE: *Repeat the exercise in the future tense.*

A.

1. Every man is a bomb on the verge of exploding.
2. Perhaps the beloved *will explode* in the arms of her lover.
3. No one can be censured.
4. Everyone *refuses* to fight.

5. *Everywhere* there echoes the crash of the latest (group of)
   protesters.

B.

6. The marrow of our bones is saturated.
7. Every femur is an explosive capsule.
8. *One need only* push the tongue against the roof of the mouth.
9. *One need only* have a brief angry thought.
10. The adrenaline level rises.
11. The blood chemistry changes, and boom!

C.

12. Everything disappears round about.
13. *There* falls, then, a light shower of ash.
14. Small viscous clusters float in the air.
15. (It) is all *that* remains of man.
16. There is no other choice but to love one another.

Questions

NOTE: *Questions and answers should be done first in the present and then in the future tense.*

A.

1. ¿Qué es cada hombre? (será)
2. ¿Qué hace la amada tal vez (hará)
3. ¿Puede ser vejado alguien? (podrá)
4. ¿A qué se niegan todos? (se negarán)
5. ¿Qué resuena en *todas* partes? (resonará)

B.

6. ¿Cómo está el tuétano de nuestros huesos? (estará)
7. ¿Cómo es cada fémur? (será)
8. ¿Qué basta hacer con la lengua? (bastará)
9. ¿Qué más basta hacer? (bastará)
10. ¿Que hace el índice de adrenalina? (hará)
11. ¿Qué pasa con el quimismo de la sangre? (pasará)

C.

12. ¿Qué pasa después? (pasará)
13. ¿Qué cae después? (caerá)

14. ¿Qué flota en el aire? (flotará)
15. ¿Qué son estos grumos? (serán)
16. ¿Hay otro remedio? (Habrá)

Discussion Topics

1. Mencione usted los elementos fantásticos en "Alarma para el año 2000".

   Un elemento
   fantástico es
   que...
   Es fantástico
   que...(sub-
   junctive)
   Lo siguiente me
   parece fantástico,
   de pura fantasía...

2. ¿Hay elementos realistas?

   Sí, los hay. Son...
   No, no los hay.

3. ¿Cómo combina Arreola la fantasía y la realidad para producir la máxima ironía?

verdad, realidad	verdadero, real	combinar
absurdidez	absurdo	recurrir a
situación	grotesco	realizar
recurso	yuxtapuesto	
yuxtaposición		

4. ¿Note usted una contradicción entre lo que dice Arreola del índice de la adrenalina y lo de amarnos apasionadamente? Al modo de pensar de usted, ¿qué actitud implica esto?

contradicción	pesimista (*noun or adjective*)	contradecir(se)
ser humano		estallar
pesimismo	optimista (*noun or adjective*)	reventar(se) (e > ie)
optimismo		suicidarse
fatalismo	fatalista (*noun or adjective*)	

Juan José Arreola

Arreola turns to Dulcinea, heroine of Cervantes' *Quijote,* in "Teoría de Dulcinea." Cervantes' Knight of La Mancha elevated the rustic lass "reeking of garlic" to the station of courtly lady, and, in this guise, she became the impetus behind his exploits. Arreola, however, envisions the maid of Toboso as incarnate reality and pays tribute to a life force devoid of any idealistic transformation.

cuyo   whose, (the name) of which   no venir al caso   to be irrelevant
hubo   there once was   eludir   to avoid
preferir   *stem-changing preterit* (prefirió)   goce   pleasure
manual   easy   lectura   reading   eficazmente   roundly
caballero andante   knight errant   embestir a fondo   to attack
violently, impale   hechos de   made up of   faldas superpuestas
layers of skirts   aguardar   to await   hazaña   feat, exploit
embuste   lie, trick   despropósitos   nonsense
umbral   threshold   vejez   old age   poner sitio   to lay siege
anacoreta   hermit   aposento   dwelling
invadir   to permeate   sudor   sweat   lana   wool   mujer
campesina   peasant woman   recalentada   overheated
la que . . . enfrente   the one he had before (him)
echarse en pos   to set out   a traves de   through, across
engendro de fantasía   product of (his) fantasy   alancear   to spear
cordero   lamb   molino   windmill   desbarbar   to remove the
bark (literally, to shave)   encina   oak tree   dar zapatetas   to jump,
leap   búsqueda   search   infructuosa   fruitless
cavernoso   ominous, dull, and harsh   reseca   dried up
rostro   face   polvoriento   dusty
destello   sparkle, flash   inútil   useless   tumba   grave
demente   demented, mad

Teoría de Dulcinea

En un lugar solitario cuyo nombre no viene al caso hubo un hombre que se pasó la vida eludiendo a la mujer concreta.

Prefirió el goce manual de la lectura, y se congratulaba eficazmente cada vez que un caballero andante embestía a fondo uno de esos vagos fantasmas femeninos, hechos de virtudes y faldas superpuestas, que aguardan al héroe después de cuatrocientas páginas de hazañas, embustes y despropósitos. En el umbral de la vejez, una mujer de carne y hueso puso sitio al anacoreta en su cueva. Con cualquier pretexto entraba al aposento y lo invadía con un fuerte aroma de sudor y de lana, de joven mujer campesina recalentada por el sol.

El caballero perdió la cabeza, pero lejos de atrapar a la que tenía enfrente, se echó en pos a través de páginas y páginas de un pomposo engendro de fantasía. Caminó muchas leguas, alanceó corderos y molinos, desbarbó unas cuantas encinas y dio tres o cuatro zapatetas en el aire. Al volver de la búsqueda infructuosa, la muerte le aguardaba en la puerta de su casa. Sólo tuvo tiempo para dictar un testamento cavernoso, desde el fondo de su alma reseca.

Pero un rostro polvoriento de pastora se lavó con lágrimas verdaderas, y tuvo un destello inútil ante la tumba del caballero demente.

17

Synthetic Exercises

NOTE: *Tense abbreviations at the end of each sentence apply to all verbs to be conjugated unless otherwise indicated (e.g., 1).*

A.

   pret.   *pres.*
1. Haber / lugar / solitario / cuyo / nombre / no / venir / al caso.

   pret.   *pret.*   *pres. part.*
2. Haber / hombre / allí / que / pasarse / vida / eludir / mujer / concreto.
3. Preferir / goce / manual / de / lectura. (*pret.*)
4. Congratularse / cada vez / que / caballero / andante / embestir / uno / de / ese / fantasmas / femenino. (*imp.*)
5. En / umbral / de / vejez / mujer / poner sitio / anacoreta / en / su / cueva. (*pret.*)

B.

6. Entrar / a / aposento / y / invadir / lo / con / fuerte / aroma / de / joven / mujer / campesino. (*imp.*)
7. Caballero / perder / cabeza. (*pret.*)
8. Pero / estar lejos / de / atrapar / – que / tener / enfrente. (*imp.*)
9. Echarse en pos / a través de / mucho / páginas / de / pomposo / fantasía. (*pret.*)
10. a. Caminar / mucho / leguas, / alancear / corderos. (*pret.*)
   b. Desbarbar / uno / cuanto / encinas, / dar / cuatro / zapatetas / en / aire. (*pret.*)

C.

11. A / volver / de / búsqueda / muerte / aguardar / le / en / puerta / de / su / casa. (*imp.*)
12. Sólo / tener / tiempo / para / dictar / testamento / cavernoso. (*pret.*)
13. Venir / desde / fondo / de / alma / reseco. (*pret.*)
14. Rostro / de / pastora / lavarse / con /lágrimas / verdadero. (*pret.*)
15. Tener / destello / inútil / ante / tumba / de / caballero / demente. (*pret.*)

Express in Spanish

A.

1. There (once) was a lonely place whose name is irrelevant.
2. There was a man there who *spent his* life avoiding real women.
3. He preferred the easy pleasure of reading.
4. He *would* congratulate himself every time a knight attacked one of those feminine phantoms.
5. On the threshold of old age a woman laid siege to the hermit in his cave.

B.

6. She *would* enter his dwelling and permeate it with the strong aroma of a young peasant woman.
7. The gentleman lost *his* head.
8. But he was far from ensnaring the one (woman) whom he had (right) before him.
9. He set out through many pages of pompous fantasy.
10. a. He traveled many leagues and speared lambs.
    b. He removed the bark from *a few* oak trees and leaped four times in the air.

C.

11. On his return from the search, death was awaiting him at the door of his house.
12. He only had time to dictate an ominous will.
13. It came from the depths of a dried-up spirit.
14. The face of the shepherdess bathed itself with real tears.
15. It had a useless glow before the tomb of the demented gentleman.

Questions

A.

1. ¿Dónde transcurría la acción y cómo se llamaba?
2. ¿Cómo se pasó la vida el hombre?
3. ¿Qué prefirió el hombre?
4. ¿Por qué motivo se congratulaba a veces?
5. ¿Qué le pasó al anacoreta en su vejez?

B.

    6. ¿Qué hacía la joven campesina en el aposento del anacoreta?

    7. ¿Qué perdió el caballero?

    8. ¿Atrapó el caballero a la que tenía enfrente?

    9. ¿Comó se extendió la fantasía del caballero?

  10. a. ¿Cuánto caminó, y qué hizo?

      b. ¿Hizo otras cosas?

C.

  11. Al volver a su casa, ¿qué le aguardaba al caballero?

  12. ¿Hizo mucho el caballero al volver de la búsqueda?

  13. ¿De dónde vino el testamento?

  14. ¿Cómo reaccionó la pastora?

  15. ¿Que tuvo la pastora ante la tumba del caballero?

Discussion Topics

  1. ¿Cómo le impresiona a usted la personalidad del hombre?

locura	exacto	impresionar
precisión	vago	en su sano juicio
abstracción	realista (*noun or*	representar
personaje	*adjective*)	
soñador	idealista (*noun or*	
existencia	*adjective*)	
	loco	

  2. ¿Qué impresión se ha llevado usted de la mujer?

contraste	comparable	común y corriente
comparación	simpático	de carne y hueso
emoción	antipático	
frialdad	complicado	
	soñado	

  3. Apunte usted una idea central para esta selección.

ironía	imaginado, creado,	existir
Don Quijote de	inventado	enamorarse de
la Mancha	objetivo	emocionarse por
Dulcinea del		hacer un contraste
Toboso		comparar(se)
ideal		
dama		
imaginación		

Julio Cortázar

In "Cuento sin moraleja" Cortázar indicts the authoritarian system. The fantastic word vendor succeeds in sowing havoc among the politicians and in testing the weakness of the bureaucracy. But he does not survive his merchandise. The use of the vision as a means to criticize our labyrinthian institutions is a recurrent technique of Julio Cortázar.

moraleja   brief moral observation, maxim

gritos   shouts
discutir   to haggle over   descuento   discount
acceder   to accede, agree   pudo   *preterit* poder
vendedor callejero   street vendor   señoras rentistas   women with fixed
   incomes   consigna   watchword   membrete   letterhead

supo   *preterit* saber
tiranuelo   petty tyrant   parecerse a   to look like
rodeado   surrounded

salir bien   to turn out well, satisfactorily
en cambio   on the other hand   convenirle a uno   to suit one's interests,
   be best for   trance   critical moment   configurar   to form, shape
   retrospectivo   worthy of looking back on   Traducí   (dialect)
   imperative traducir, translate

ponerse de pie   to stand up
reprimiendo   repressing
temblor   tremor, trembling   arrestaran   *imperfect subjunctive* arrestar

Cuento sin moraleja

Un hombre vendía gritos y palabras, y le iba bien aunque encontraba mucha gente que discutía los precios y solicitaba descuentos. El hombre accedía casi siempre, y así pudo vender muchos gritos de vendedores callejeros, algunos suspiros que le compraban señoras rentistas, y palabras para consignas, slogans, membretes y falsas 5 ocurrencias.

Por fin el hombre supo que había llegado la hora y pidió audiencia al tiranuelo del país, que se parecía a todos sus colegas y lo recibió rodeado de generales, secretarios y tazas de café.

—Vengo a venderle sus últimas palabras—dijo el hombre—. Son 10 muy importantes porque a usted nunca le van a salir bien en el momento, y en cambio le conviene decirlas en el duro trance para configurar fácilmente un destino histórico retrospectivo.

—Traducí lo que dice —mandó el tiranuelo a su intérprete.

—Habla en argentino, Excelencia. 15

—¿En argentino? ¿Y por qué no entiendo nada?

—Usted ha entendido muy bien —dijo el hombre—. Repito que vengo a venderle sus últimas palabras.

El tiranuelo se puso de pie como es de práctica en estas circunstancias, y reprimiendo un temblor mandó que arrestaran al hombre y 20

23

metieran *imperfect subjunctive* **meter**   **calabozo**   cell, jail
ambientes gubernativos   administrative circles
llevárselo   to carry him away
querrá *future* **querer**   **llegue** *present subjunctive* **llegar**
necesitaría *conditional* **necesitar**

de modo que   so that   **egaño**   trick, deceit   **como = puesto que**   since
negocio   (business) deal   **por adelantado**   beforehand
brotar   to come forth
podrá (usted) *future* **poder**
he de querer   I will want

soga   noose   **cuello**   neck
entrechocársele   to chatter on
verdugo   executioner   **habrá**   there will be
por decoro   for appearance's sake   **un par de**   a couple of
brote *present subjunctive* **brotar**   **gemido**   groan
  entrecortado   confused   **hipos**   hiccoughs   **sí** *do not translate*
  sin esfuerzo   easily, effortlessly
ahorcar   to hang (by the neck)
hacer fusilar . . . hombre   to have the man shot immediately
estaba-pálido-como-la-muerte   (he) was deathly pale   **echar a**
  empellones   to push, shove out   **encerrarse con**   to close oneself in with

entre tanto   meanwhile
levantamiento   uprising
prender   to seize   **uva**   grape   **glorieta**   bower, arbor
pudiera *imperfect subjunctive* **poder**   **en el acto**   at once
pegar un tiro   to shoot
no tardar en   not to be long in
pasearse por   to stroll through, around   **pregones**   proclamations
saltimbanqui   mountebank, quack, trifler   **coche celular**   police wagon
para que revelase . . . ser   so he would reveal what might have been . . .
arrancar   to pull out
matar a puntapiés   to kick to death

lo metieran en los calabozos especiales que siempre existen en esos ambientes gubernativos.

—Es lástima —dijo el hombre mientras se lo llevaban—. En realidad usted querrá decir sus últimas palabras cuando llegue el momento, y necesitaría decirlas para configurar fácilmente un destino 5 histórico retrospectivo. Lo que yo iba a venderle es lo que usted querrá decir, de modo que no hay engaño. Pero como no acepta el negocio, como no va a aprender por adelantado esas palabras, cuando llegue el momento en que quieran brotar por primera vez y naturalmente no podrá decirlas. 10

—¿Por qué no podré decirlas, si son las que he de querer decir? —preguntó el tiranuelo, ya frente a otra taza de café.

—Porque el miedo no lo dejará —dijo tristemente el hombre—. Como estará con una soga al cuello, en camisa y temblando de terror y de frío, los dientes se la entrechocarán y no podrá articular palabra. 15 El verdugo y los asistentes entre los cuales habrá algunos de estos señores, esperarán por decoro un par de minutos, pero cuando de su boca brote solamente un gemido entrecortado por hipos y súplicas de perdón (porque eso sí lo articulará sin esfuerzo) se impacientarán y lo ahorcarán. 20

Muy indignados, los asistentes y en especial los generales rodearon al tiranuelo para pedirle que hiciera fusilar inmediatamente al hombre. Pero el tiranuelo, que estaba-pálido-como-la-muerte, los echó a empellones y se encerró con el hombre para comprarle sus últimas palabras. 25

Entre tanto los generales y secretarios, humilladísimos por el trato recibido, prepararon un levantamiento y a la mañana siguiente prendieron al tiranuelo mientras comía uvas en su glorieta preferida. Para que no pudiera decir sus últimas palabras lo mataron en el acto pegándole un tiro. Después se pusieron a buscar al hombre, que 30 había desaparecido de la casa de gobierno, y no tardaron en encontrarlo pues se paseaba por el mercado vendiendo pregones a los saltimbanquis. Metiéndolo en un coche celular lo llevaron a la fortaleza y lo torturaron para que revelase cuáles hubieran podido ser las últimas palabras del tiranuelo. Como no pudieron arrancarle la 35 confesión, lo mataron a puntapiés.

esquina street corner
santo y seña watchword, password

torpe cadena awkward sequence
en rigor actually, really
parezca *present subjunctive* **parecer**
pudrir to rot
de cuando en cuando from time to time

Los vendedores callejeros que le habían comprado gritos siguieron
gritándolos en las esquinas, y uno de esos gritos sirvió más adelante
como santo y seña de la contrarrevolución que acabó con los generales
y los secretarios. Algunos, antes de morir, pensaron confusamente
que en realidad todo aquello había sido una torpe cadena de con-   5
fusiones, y que las palabras y los gritos eran cosas que en rigor
pueden venderse pero no comprarse, aunque parezca absurdo.

Y se fueron pudriendo todos, el tiranuelo, el hombre, y los
generales y secretarios, pero los gritos resonaban de cuando en cuando
en las esquinas.   10

Synthetic Exercises

> NOTE: *Henceforth, in subordinate clauses the symbol // will
> be used to indicate the pronoun* que, *while the symbol
> / — / indicates that a word must be supplied.*

A.

1. Hombre / vender / gritos, / palabras. (*imp.*)
2. Mucho / gente / discutir / precios, / solicitar / descuentos.
   (*imp.*)
3. Hombre / acceder, / así / poder / vender / mucho.
     imp.   *pret.*
4. Por fin / hombre / saber // haber llegado / hora / — /
   pedir / audiencia / tiranuelo / país.
        pret.   *pluperf.*
5. Éste / recibir / lo / rodeado / — / generales / secretarios, /
   tazas / café. (*pret.*)
6. Hombre / decir // venir / — / vender / le / su / último /
   palabras. (*pret.*)
7. Tiranuelo / contestar // no / entender / nada. (*pret.*)
       pret.   *pluperf.*
8. Hombre / insistir // tiranuelo / haber entendido / muy bien.

B.

     pret.   *pres.*
9. Tiranuelo / ponerse de pie / como / ser / de práctica / en / este / circunstancias.

      pret.   *pret.* *imp. subj.*
10. Tiranuelo / reprimir / temblor, / mandar // arrestar / hombre.

11. (Ellos) llevarse / lo / pero / hombre / continuar / insistiendo. (*pret.*)

         cond.
12. "Usted / necesitar / decir / las / — / configurar / facil— /
        pret.
destino / histórico" / decir / hombre.

      fut.   *pret.*
13. "¿Por qué / no / poder / decir / las?" / preguntar / tiranuelo.

     fut.   *pret.*
14. "Miedo / no / dejar / lo" / replicar / triste— / hombre.

C.

15. "Verdugo / esperar / por / — / minutos / pero / impacientarse, / ahorcar / lo." (*fut.*)

      pret.   *imp. subj.*
16. Generales / pedir / tiranuelo // hacer / fusilar / inmediata— / hombre.

17. Tiranuelo / echar / los / a empellones. (*pret.*)

18. (Él) encerrarse / con / hombre / — / comprar / le / palabras. (*pret.*)

19. Entre tanto / generales, / secretarios / preparar / levantamiento. (*pret.*)

            pret.
20. A / mañana / siguiente / (ellos) prender / tiranuelo /
   imp.
mientras / comer / uvas.

        imp. subj.
21. Para // no / (él) poder / decir / su / último / palabras /
  pret.
(ellos) matar / lo.

         pret.   *pluperf.*
22. Después / (ellos) ponerse a / buscar / hombre // haber desaparecido.

        pret.   *imp.*
23. No / (ellos) tardar en / encontrar / lo / pues / pasearse por / mercado.

D.

24. (Ellos) llevar / lo / a / fortaleza, / torturar / lo. (*pret.*)

       imp.   *imp. subj.*   *imp. subj.*

25. (Ellos) querer // hombre / revelar / cuál / haber / podido / ser / último / palabras.

                 pret.   *pret.*

26. Como / no / (ellos) poder / arrancar / se / las / matar / lo.

27. Vendedores / callejero / seguir / gritando / en / esquinas. (*pret.*)

28. Uno / — / ese / gritos / servir / más adelante / como / santo y seña / — / contrarrevolución. (*pret.*)

29. Contrarrevolución / acabar con / generales, / secretarios. (*pret.*)

        pret.   *imp.*   *pres.*

30. Algunos / pensar // palabras / ser / cosas // poder / vender / se / pero / no / comprar / se.

                                 pret.

31. Todos / tiranuelo / hombre, / generales / irse / pudriendo / *imp.* pero / gritos / resonar / de cuando en cuando.

Express in Spanish

A.

1. A man used to sell shouts and words.
2. A lot of people *would* haggle over prices (with him) and ask for discounts.
3. The man *would* agree and so he *succeeded* in selling a lot.
4. Ultimately the man knew that the time had arrived for *asking* the country's petty tyrant for an audience.
5. The latter received him surrounded by generals, secretaries, and cups of coffee.
6. The man said that he came to sell him his last words.
7. The tyrant replied that he didn't understand anything.
8. The man insisted that the tyrant had understood very well.

B.

9. The tyrant stood up, as is customary in these circumstances.
10. The tyrant repressed a tremor and order *the man arrested*.
11. They carried him off, but the man continued to insist.
12. "You would need to say them in order to easily shape a historic destiny (for yourself)," he said.
13. "Why *won't* I be able to say them?," asked the tyrant.
14. "Fear *won't* permit you," replied the man sadly.

C.

15. "The executioner will wait a couple of minutes, but he will *get* impatient and hang you".
16. The generals asked the tyrant *to have the man shot* immediately.
17. The tyrant pushed them out.
18. He closed himself up with the man in order to buy the words from him.
19. Meanwhile the generals and the secretaries prepared an uprising.
20. *On* the following morning they seized the tyrant while he was eating grapes.
21. So that he couldn't say his last words they killed him.
22. Then they set out to look for the man, who had disappeared.
23. They weren't long in *finding* him since he was strolling around the marketplace.

D.

24. They took him to the fortress and tortured him.
25. They wanted *the man to reveal* which (ones) could have been the last words.
26. Since they couldn't pull them out *of him,* they killed him.
27. The street vendors *kept on* shouting on the street corners.
28. One of these shouts later served as a watchword of the counterrevolution.
29. The counterrevolution did away with the generals and secretaries.
30. *Some people* thought that words are things that can be sold but not bought.
31. Everyone—the tyrant, the man, and the generals—*rotted away* but the shouts resounded from time to time.

Questions

A.

1. ¿Qué vendía el hombre?
2. ¿Qué discutía y pedía mucha gente?
3. ¿Accedía el hombre, y así qué pudo hacer?
4. ¿Qué supo el hombre por fin?
5. ¿Cómo lo recibió el tiranuelo?
6. ¿Para qué vino el hombre?
7. ¿Qué le contestó el tiranuelo?
8. ¿Qué insistió el hombre?

B.

9. ¿Qué hace el tiranuelo en estas circunstancias?
10. ¿Qué reprimió el tiranuelo, y qué mandó?
11. ¿Qué hicieron los otros, y cómo reaccionó el hombre?
12. ¿Qué dijo el hombre que el tiranuelo necesitaría?
13. ¿Qué preguntó el tiranuelo?
14. ¿Qué replicó el hombre?

C.

15. ¿Que hará el verdugo?
16. ¿Qué le pidieron los generales al tiranuelo?
17. ¿Qué hizo el tiranuelo con ellos?
18. ¿Por qué se encerró el tiranuelo con el hombre?
19. Entre tanto, ¿qué prepararon los generales y secretarios?
20. ¿Qué hicieron a la mañana siguiente?
21. ¿Por qué lo mataron al tiranuelo?
22. Después, ¿qué hicieron los generales?
23. ¿Tardaron en encontrarlo?; ¿por dónde se paseaba?
24. ¿Por qué no tardaron en encontrarlo al hombre?

D.

25. ¿Adónde lo llevaron y qué hicieron?
26. ¿Qué querían saber los generales?
27. ¿Por qué y cómo mataron al hombre?
28. ¿Qué hacían los vendedores callejeros en las esquinas?
29. ¿De qué sirvió uno de estos gritos?
30. ¿Qué les pasó a los generales y secretarios en la contrarrevolución?
31. ¿Qué pensaron algunos de las palabras y gritos?
32. ¿Cómo quedaron todos, incluso los gritos?

Discussion Topics

1. Para usted, ¿qué representa el vendedor de palabras?

clisé	político (*noun or*	provocar
instrumento	*adjective*)	proporcionar
propaganda	filosófico	confeccionar
retórica	idealista (*noun or*	
fuerza, poder	*adjective*)	
idealismo	realista (*noun or*	
realismo	*adjective*)	

2. Haga usted un resumen de los detalles: (*a*) fantásticos;
(*b*) humorísticos; (*c*) irónicos; (*d*) de cualquier actitud
política expresada o implícita por parte del autor. De estos
detalles, ¿hay un grupo que predomina sobre los demás?

> predominar
> destacarse
> hacer predominar

3. ¿Cree usted que el cuento tenga una moraleja? Explique usted
sus razones.

palabras,   político   sobrevivir
  gritos   aniquilar
                                   comprar(se)
                                   vender(se)
                                   Sí, la tiene
                                   No, no la tiene

Camilo José Cela

Camilo José Cela Trulock is one of Spain's most prominent writers. In 1942 the publication of *La familia de Pascual Duarte* initiated the *tremendismo* movement which depicts a strong and exaggerated realism. This novel was followed by *Pabellón de Reposo, Nuevas andanzas y desventuras de Lazarillo de Tormes, La colmena,* and *Mrs. Caldwell habla con su hijo.* Cela's more outstanding short works are: *Esas nubes que pasan, El bonito crimen del carabinero, El gallego y su cuadrilla, Baraja de invenciones, El molino de viento,* and brief impressions and travel selections.

"Doña Laurita" is an example of the grotesque caricature which marks most of Cela's works. Doña Laurita with her physical blemish, the mayor, the secretary, and even the shoe repairman and the evasive suitor are figures used by Cela as vehicles for social criticism.

cartomancia fortune-telling by playing cards
guisar to cook **partido judicial** judicial district
Castilla la Vieja Old Castile, province in N. Spain **sin dejarse ni uno**
without leaving out even one
alrededor de around, approximately
afeitarse el bigote to shave one's moustache **asomarse a** to appear at

bruja witch **pavo** turkey **pásate la navaja** *imperative,* shave!
use a razor! **por más ... que** no matter how many
según aseguraba as she claimed

debajo de su casa under her apartment **zapatero remendón** shoe
repairman **El tal** this fellow **según** according to

sacudir to shake, shake out **recoger un poco** to rearrange a bit
a voz en grito in a very loud voice **copla** popular song
sácate *imperative* **sacar,** get away from
chorizo frito fried sausage
Que porque **dar un susto** to jolt, frighten
bendito blessed

Doña Laurita

Doña Laurita Sansón Columela sabía de cartomancia y astronomía, guisaba bastante bien y podía repetir de memoria todos los partidos judiciales de Castilla la Vieja, provincia por provincia y sin dejarse ni uno.

Doña Laurita Sansón Columela tenía alrededor de los cincuenta 5 años y se afeitaba el bigote. El día que se asomaba a la calle sin afeitar, los niños le gritaban:

—Tía bruja, bigote de pavo, pásate la navaja.

Doña Laurita Sansón Columela no se incomodaba por más impertinencias que le dijeran. Ella era, según aseguraba, una artista y a los 10 artistas, ya es sabido, no todo el mundo los entiende.

Debajo de su casa, vivía un zapatero remendón que se llamaba Marcial. El tal Marcial, según decían, era masón y no creía en Dios, ni en los santos. Cuando doña Laurita Sansón Columela se asomaba a la ventana a sacudir una alfombra o a recoger un poco los geranios, 15 Marcial cantaba a voz en grito una copla que empezaba así:

> ¡Sácate de la ventana,
> cara de chorizo frito!
> ¡Que le vas a dar un susto
> a San Antonio bendito! 20

35

disimular   to cover up, pretend not to notice
pretendiente   suitor
a la caída de la tarde   in late afternoon
hasta hay quien   there are even those who   **una temporada**   once
marido y mujer   man and wife   **volverse a saber**   to hear of, hear about
  again
esperarse   to expect
haber(le) dado   to have caught   **sarampión maligno**   bad case of measles

de poco antes . . . Europea   shortly before World War I

carnero   sheep
difunto   dead
selecto   sensitive, aristocratic   **cajón**   large box
mezclados   mixed
resistir   to tolerate, put up with
arredrar   to withdraw, become afraid   **sepelio**   burial   **tapia**   mud,
  adobe wall
entierraburros   you donkey-burier, you animal mortician
perpleja   vexed   **ante**   by   **estulticia**   foolishness
  vecino   neighbor
fosa   grave   **sin decir ni pío**   without a peep, word
tapar   to cover up
en cuanto   as soon as   **lo que . . . ello**   what there was of truth or
  falsehood in the matter
se fue . . . fuerte   was becoming adept

mariposa   butterfly   **colocado**   placed
papel   role   **a las mil maravillas**   marvelously well
charlar   to chat   **alcalde**   mayor
para delante   ahead   **como sin darle . . . cargo**   as if (he were) giving
  little importance to the job   **para**   at, toward   **hacerse simpático**
  just to be nice   **ya**   by then
fino   polite

Doña Laurita Sansón Columela, sin embargo, no entendía y si entendía lo disimulaba bastante bien. Cuando era joven, parece ser que tuvo un pretendiente que se llamaba Marcelinito y que era veterinario. Andaban juntos a veces, por el paseo, a la caída de la tarde, y hasta hay quien asegura que una temporada pensaron en ser 5 marido y mujer. Después Marcelinito se marchó y nada más se volvió a saber de él. Doña Laurita Sansón Columela, que contestaba cosas que nadie se esperaba, empezó a decir que seguramente, a Marcelinito le había dado un sarampión maligno y la gente, al final, ya lo repetía, tan convencida. 10

Una tarde de poco antes de la Guerra Europea, cuando doña Laurita Sansón Columela era todavía una niña, apareció en el río un carnero muerto. Nadie, esa es la verdad, dio demasiada importancia al pobre carnero difunto, pero doña Laurita Sansón Columela, que tenía un espíritu selecto, lo recogió, lo metió en un cajón de tabaco y 15 lo enterró en su jardín. Según cuentan, los olores mezclados del carnero y el tabaco era algo que no se podía resistir, pero la joven no se arredró y llevó hasta al final el sepelio. La gente desde la tapia, le gritaba:

— ¡Laurita, entierraburros . . .! 20

Y Laurita, perpleja ante la estulticia de sus vecinos que no distinguían un burro de un carnero, abrió la fosa sin decir ni pío, metió al carnero dentro y después lo tapó.

Aseguran las malas lenguas que el veterinario Marcelinito se escapó del pueblo en cuanto le contaron la aventura. Lo que haya o 25 deje de haber de cierto en ello, es algo muy difícil de saber.

Pasaron los años, doña Laurita Sansón Columela se fue haciendo fuerte en unas artes y un día . . .

Era una mañana radiante de primavera. El sol, los pájaros, las flores, los niños y las mariposas estaban colocados como en un teatro 30 y representaban su papel (a las mil maravillas). Por la calle principal venían charlando el alcalde y el secretario. El alcalde iba mirando para delante, como sin darle importancia al cargo, y el secretario iba mirando para el alcalde y sonriendo para hacerse simpático. Doña Laurita, que ya se afeitaba, estaba haciéndose la toilette con el balcón 35 abierto, y el alcalde, que quiso ser fino, le dijo:

rascar   to scratch (oneself)

áuriga   coachman

quedar ... fino   is considered more correct (i.e., to accent the word on the
   first syllable)   **quedarse de una pieza**   to be stumped
el muy ladino   that cunning fellow   **reírse a carcajadas**   to roar with
   laughter   **armar un alboroto ... diablos**   to raise one devil of a rumpus
vengativa   vengeful
aquella   that time
quedarse   to stay   **pasen**   come in (imperative)

que ... cocina   while I go to the kitchen
mentir   to lie   **sartén**   frying pan
aceite   oil
vaciar   to empty, pour   **por encima de**   on top of, over
condenado   condemned man   **por lo que sí o por lo que no**   for
   whatever reason   **liarse a correr**   to take to one's heels
   hasta meterse   until reaching   **quedar calvo**   to be left bald
   quemadura   burn   **soler**   to be in the habit of
Te doy ... bestia?   Do you envy me, evil beast?
ni la ... siquiera   wouldn't even look at her

—¿Rasca, doña Laurita?

Ella respondió.

—Os perdono, áuriga. (Doña Laurita Sansón Columela llamaba, vayan Vds. a saber por qué, áuriga al señor alcalde. La verdad es que áuriga queda incluso más fino que auriga.)   5

El alcalde se quedó de una pieza porque eso de áuriga no la había oído nunca, pero el secretario, el muy ladino, empezo a reírse a carcajadas y a armar un alboroto de cien mil pares de diablos.

Entonces, doña Laurita Sansón Columela, que no fue vengativa más que una vez en su vida—aquella—, les dijo.   10

—No se queden ahí, pasen, pasen.

El alcalde y el secretario, pasaron, se sentaron en la sala y doña Laurita Sansón Columela les preguntó.

—¿Me perdonan un momento, que voy a la cocina?

Doña Laurita no mentía. Se fue a la cocina, puso una sartén con 15
aceite al fuego y cuando estuvo bien caliente, volvió a la sala y se lo vació por encima de la cabeza al secretario. El secretario gritaba como un condenado y el alcalde por lo que sí o por lo que no, se lió a correr y no paró hasta meterse en su casa.

El secretario quedó calvo de la quemadura y doña Laurita Sansón 20
Columela, cuando lo veía, le solía decir.

—¿Te doy envidia, mala bestia?

El secretario ni la miraba siquiera.

Synthetic Exercises

A.

1. Doña Laurita / tener / alrededor de / cincuenta / año, / afeitarse / bigote. (*imp.*)

imp.

2. Los / día // (ella) asomarse a / calle / sin / afeitar / niños / gritar / le.

imp.

imp.
3. Doña Laurita / no / incomodarse / por más / impertinen-
   imp. subj.
   cias // decir / le.
4. Debajo / — / su / casa / vivir / zapatero / remendón //
   llamarse / Marcial. (*imp.*)
5. —tal / Marcial / según / decir / ser / masón. (*imp.*)
6. Cuando / doña Laurita / asomarse a / ventana / Marcial /
   cantar / le / copla / impertinente. (*imp.*)
7. Si / doña Laurita / entender / disimular / lo / bastante /
   bien. (*imp.*)
          imp.   *pret.*   *imp.*
8. Cuando / ser / joven / tener / pretendiente // llamarse /
   Marcelinito.
9. Marcelinito / ser / veterinario. (*imp.*)
                              pret.
10. Uno / temporada / (ellos) pensar en / ser / marido, / mujer.
                       pret.   *pret.*
11. Después / Marcelinito / marcharse, / nada más / volverse /
   — / saber de / él.
                     pret.
12. Doña Laurita / empezar / — / decir // a / Marcelinito /
   pluperf.
   haber dado / le / sarampión / maligno.

B.

                 imp.   *pret.*
13. Cuando / Laurita / ser / todavía / niña / aparecer / en /
   río / carnero / muerto.
               imp.   *pret.*
14. Laurita / tener / espíritu / selecto, / recoger / lo.
15. (Ella) meter / lo / en / cajón / tabaco, / enterrar / lo / en /
   jardín. (*pret.*)
                              imp.
16. Olores / mezclado / de / carnero, / tabaco / ser / algo //
   imp.
   no / poderse / resistir.
17. Laurita / no / arredrarse, / llevar / hasta / el / final / el /
   sepelio. (*pret.*)
18. Gente / gritar / le / desde / tapia / "¡Laurita, entierraburros"! (*imp.*)
19. (Ella) abrir / fosa, / meter / carnero / dentro, / después /
   tapar / lo. (*pret.*)
20. Veterinario / Marcelinito / escaparse / en cuanto / (ellos)
   contar / le / aventura. (*pret.*)

C.

pret.   *pret.*
21. Pasar / años, / doña Laurita / irse / haciendo / fuerte / en / uno / artes.

22. Día / por / calle / principal / venir / charlando / alcalde, / secretario. (*imp.*)

23. Alcalde / ir / mirando / para delante, / secretario / ir / mirando / para / alcalde. (*imp.*)

          imp.
24. Secretario / estar / sonriendo / — / hacerse / simpático.

25. Doña Laurita / ya / afeitarse / con / balcón / abierto. (*imp.*)

      pret.   *pret.*   *pres.*
26. Alcalde // querer / ser / fino / decir / le / "¿Rascar (usted) / doña Laurita?"

      pret.   *pres.*
27. Ella / responder / "Os / (yo) perdonar / áuriga".

      pret.
28. Alcalde / quedarse de una pieza / porque / ese / — / áuriga / *pluperf.*
— / haber oído / lo / nunca.

      pret.
29. Secretario / empezar / — / reírse a carcajadas, / a / armar / alboroto.

D.

                pret.   *command*
30. Entonces / doña Laurita / decir / les / "No / quedarse *command*
(ustedes) / ahí / pasar (ustedes)".

31. Alcalde, / secretario / pasar, / sentarse / — / sala. (*pret.*)

32. Ella / irse / cocina, / poner / sartén / con / aceite / a / fuego. (*pret.*)

33. Cuando / estar / bien caliente / doña Laurita / volver / — / sala. (*pret.*)

34. (Ella) vaciárselo / por encima de / cabeza / — / secretario. (*pret.*)

      pret.
35. Alcalde / liarse a / correr / hasta / meterse / — / casa.

36. Secretario / quedar / calvo / — / quemadura. (*pret.*)

          imp.   *imp.*
37. Doña Laurita / cuando / ver / lo / soler / decir / le / *pres.*
"¿(yo) Dar / te / envidia / malo / bestia"?

38. Secretario / ni / mirar / la / siquiera. (*imp.*)

Express in Spanish

A.

1. Doña Laurita was about fifty years (old) and she shaved *her* moustache.
2. The days she *would* appear in the street without shaving, the children *would* shout insults at her.
3. Doña Laurita was never ruffled no matter how many insults were said to her.
4. Below her apartment, *there* lived a shoe repairman *named* Marcial.
5. That fellow Marcial, according to what they used to say, was a Mason.
6. When doña Laurita *would* appear at the window, Marcial *would* sing an insulting song to her.
7. If doña Laurita understood, she hid it rather well.
8. When she was a young girl she had a suitor *named* Marcelinito.
9. Marcelinito was a veterinarian.
10. *There are even those who* assert that at one time they thought *of* becoming man and wife.
11. Later on, Marcelinito went away, and *nothing more was heard of him.*
12. Doña Laurita began to say that Marcelinito *had come down with* a chronic case of measles.

B.

13. When Laurita was still a child, a dead sheep appeared in the river.
14. Laurita, who had a refined spirit, gathered it up.
15. She put it in a tobacco box and buried it in her garden.
16. The mixed odor of the sheep and the tobacco *was intolerable.*
17. Laurita was not overcome by fear and she carried out the burial to the bitter end.
18. The people shouted at her (across) the garden wall, "Laurita, (you) donkey-burier."
19. She opened a grave, put the sheep inside, then covered it up.
20. The veterinarian Marcelino fled when they told him of the venture.

C.

21. The years passed and doña Laurita *was getting better* in some skills.

22. One day, *down* the main street the mayor and the secretary came chatting.
23. The mayor *was* looking straight ahead and the secretary *was* looking at the mayor.
24. The secretary was smiling *just to be nice.*
25. Doña Laurita by then was shaving with the balcony (door) open.
26. The mayor, who only wanted to be polite, said to her, "Does it scratch, doña Laurita"?
27. She replied, "I forgive you, coachman".
28. The mayor was stumped because *that (word)* "áuriga" he had never heard before.
29. The secretary began to roar with laughter and raise a rumpus.

D.
30. Then doña Laurita said to them, "Don't stay out there, come in, come in".
31. The mayor and the secretary came in and sat down in the living room.
32. She went to the kitchen, and placed a frying pan with oil *on* the fire.
33. When it was *good and* hot, she returned to the living room.
34. She emptied it (the oil) on the head *of* the secretary.
35. The mayor took off in a run until he was inside his home.
36. The secretary was left bald from the burn.
37. When she *would* see him, doña Laurita *would usually* say to him, "Do you envy me, (you) evil beast"?
38. The secretary *would* not even look at her.

Questions

A.
1. ¿Cuántos años tenía doña Laurita, y cómo era su toillete?
2. ¿Que hacían los niños cuando doña Laurita se asomaba a la calle sin afeitar?
3. ¿Se incomodaba ella?
4. ¿Quién vivía debajo de su casa?
5. ¿Qué era, según decían, el tal Marcial?
6. Cuando doña Laurita se asomaba a la ventana, ¿qué hacía Marcial?
7. Si lo entendía, ¿qué hacía ella?

8. Cuando era joven ¿qué tuvo doña Laurita?
9. ¿Qué era Marcelinito?
10. ¿En qué pensaron una temporada?
11. ¿Qué hizo Marcelinito después?
12. ¿Qué empezó a decir doña Laurita?

B.

13. Cuando ella era todavía joven, ¿qué apareció en el río?
14. ¿Qué hizo con él, y por qué?
15. ¿Dónde lo metió?
16. ¿Qué no se podía resistir?
17. ¿Cómo reaccionó la joven?
18. ¿Que le gritó la gente?
19. ¿Cómo resolvió el problema doña Laurita?
20. ¿Qué hizo el veterinario Marcelinito?
21. Al pasar los años, ¿qué se fue haciendo doña Laurita?

C.

22. ¿Cómo venían por la calle el alcalde y el secretario?
23. ¿Qué hacía el alcalde, y qué hacía el secretario?
24. ¿Para dónde iba mirando el alcalde, — y el secretario?
25. ¿Qué hacía el secretario para hacerse simpático?
26. ¿Qué hacía doña Laurita, y cómo lo hacía?
27. ¿Qué le dijo el alcalde a doña Laurita?
28. ¿Cómo le respondió doña Laurita?
29. ¿Cómo se quedó el alcalde, y por qué?
30. ¿Qué empezó a hacer el secretario?

D.

31. Entonces, ¿qué les dijo doña Laurita?
32. ¿Pasaron ellos?
33. ¿Adónde se fue ella, y qué hizo?
34. Cuando el aceite estuvo bien caliente, ¿adónde volvió doña Laurita?
35. ¿Qué hizo ella con el aceite?
36. ¿Cómo reaccionó el alcalde?
37. ¿Cómo quedó el secretario?
38. Cuando doña Laurita lo veía, ¿qué solía decirle? (¿Por qué se lo decía?)
39. ¿Qué hacía el secretario?

Conversational Cues

NOTE: *The following cues pertain only to the incidents covered by sections C and D of the preceding exercises.*

C.

Pasar años / irse haciendo
fuerte.
Calle principal / venir
charlando
Alcalde ir mirando
secretario ir mirando
Estar sonriendo / hacerse
simpático.
Doña Laurita / afeitarse /
balcón.
Alcalde / fino / "¿Rascar?"
Ella / perdonar / áuriga.
Alcalde / quedarse de una
pieza / haberlo oído nunca.
Secretario / reírse a
carcajadas / armar alboroto.

D.

Doña Laurita / decirles /
pasar (ustedes).
Alcalde, secretario / pasar /
sentarse.
Doña Laurita / irse / cocina
poner / sartén / aceite.
Cuando / bien caliente /
volver / sala / vaciárselo /
cabeza.
Alcalde / liarse a correr
meterse / casa.
Secretario / calvo /
quemadura.
Doña Laurita / verlo /
solerle decir "¿Darte
envidia / bestia?"
Secretario / mirar /
siquiera.

Discussion Topics

1. Repase usted los rasgos personales de doña Laurita: su personalidad y su aspecto físico. Ahora, ¿qué tipo de personaje ha
creado Cela?

detalle	físico	crear
característica	grotesco	pintar
humor	guapo	(re-)presentar
	caricaturesco	utilizar, usar
	pintoresco	
	excéntrico	
	convencional	
	cómico,	
	humorístico	
	estrambótico	

2. ¿Diría usted que "Doña Laurita" constituye una narración
lógica sin interrupción? Si hay incidentes narrativos, ¿de qué
sirven?

fragmento	fragmentario	servir (de)
tono	total	completar
ambiente	parcial	ayudar
personalidad		
fisonomía		

3. ¿Es un cuento "Doña Laurita"? Si no, ¿qué es?

epopeya	pastoral
glosa	realista
diatriba	naturalista
caricatura	exagerado
capítulo	sutil
novela corta	

Camilo José Cela

In "El profesor de la asignatura," Cela continues the device of caricature. As in the story of doña Laurita, the humor is linked to the professor's physical defect, but also to the biting, wry wit of the writer's
language.

asignatura   academic course

año mas, año menos   give or take a year

flaco   thin   **parco**   sparse   **ademán**   gesture

sempiternamente enlevitado y enlutado   forever (dressed) in a frock coat and in mourning   **a lo que**   according to what

barberón   barber   **que era lo que ... deslenguado**   who was what one might call a gossiper   **sabiamente**   skillfully

calva   bald spot   **alguno que otro entresijo**   the occasional spot, a few spots

para eso ... cuidado   for which purpose one would have to look very closely

desvencijado   dilapidated   **Mendizábal**   name of a street. Juan A. Mendizábel (1790–1853), a liberal Spanish politician and a Mason

infeccioso   one suffering from an infectious disease

Primo de Rivera   name of a street. Refers either to Miguel Primo de Rivera (1870–1930), Spanish general and dictator (1923–1930) or to his son, José Antonio (1903–1936), founder of the Spanish fascist party

no ya viejo ... serlo   not just old, except the students who, although they weren't old, ...   **a polilla**   of moths   **arrastrar**   to drag

como si lo fueran   as if they were (old)   **hasta la saciedad**   absolutely

se la pasaba entonando   he spent expressing   **alabanza**   praise

celo   zeal

El profesor de la asignatura

El profesor de la asignatura se llamaba don Gumersindo Iturrioz e
Iturrioz. Tenía, año más, año menos, alrededor de los sesenta y era
alto y flaco y parco de palabra y de además, sempiternamente enlevitado y enlutado y, a lo que decían, aunque yo nunca lo quise creer,
también masón. 5
Don Gumersindo, según aseguraba el barberón Chindo, que era lo
que se dice un deslenguado, no tenía en toda su cabeza más que un
solo pelo, pero tan largo y tan sabiamente trabajado en espiral que,
de su calva, no se veía más que alguno que otro entresijo y para eso
fijándose con mucho cuidado. 10
Don Gumersindo explicaba Historia Natural en aquel viejo y desvencijado Instituto de provincias—convento hasta Mendizábal y hos-
pital de infecciosos hasta Primo de Rivera—en el que todo era
viejísimo, no ya viejo, menos los alumnos que, sin serlo, olían a
polilla y andaban arrastrando los pies como si lo fueran. 15
Don Gumersindo estaba convencido hasta saciedad de que, real-
mente, la Historia Natural era la asignatura más bella e importante
de los seis—entonces eran seis años—lentos años del Bachillerato y
más de la mitad del curso se la pasaba entonando su ininterrumpida
alabanza de las excelencias de su disciplina. Su celo no siempre era 20

49

llamar al orden to call on the carpet, call to order   **mejor dicho** that is to say   **exigir** to demand of   **repasar** to review

medianamente a fondo more or less in depth

juzgar to believe, judge   **¡allá usted!** you're on your own
mal complaint, illness
le impedía . . . cabeza prevented him from being up and around *to get ahead*
afamados noted, outstanding
diagnóstico diagnosis
hartarse to become fed up
sereno residential night watchman   **ciertas artes de curandero** certain skills as a medicine man   **aconsejar** to prescribe   **conseguir deshacerse de** to succeed in getting rid of   **tenia** tapeworm
tamaño size   **serpiente pitón** python
curso (academic) course, school year   **aprobar** to pass, give a passing grade   **procedimiento** procedure   **examen práctico** qualifying exam
verdad, usted . . . frasquito you there, Mr. Fernández, isn't it true that what's in this flask . . .   **arroz** rice
dar crédito to believe, give credence to   **tamaña** (adjective) such
infundada unfounded   **feroz** ferocious
musitar un sí es no es azarado to mumble a vague, indefinite answer

versallesco imperious
¿Aspira usted a nota? Are you trying for more than a passing grade?

conformarse con to accept, be content with

desligarse de to get rid of
faz face (subject of **había cambiado**)
llegó casi, . . . feliz almost, (yes) almost began to feel like a happy man

encanto charm

comprendido por el señor director—don Salustiano Línea, profesor de latín—que alguna vez le llamó al orden y le exigió—mejor dicho, intentó exigirle—que repasase con sus alumnos el programa completo.

—Toda una vida —le argumentaba don Gumersindo— y larga, señor director, se necesitaría para dar un solo repaso, medianamente a fondo, a la asignatura.

—Bueno, bueno —le decía don Salustiano—, yo me limito a indicarle lo que juzgo más conveniente. Después de todo, ¡allá usted!

Don Gumersindo había sufrido, durante años enteros, de un mal intestinal misterioso que le impedía levantar cabeza. Visitó a los médicos más afamados de la provincia, pero los médicos más afamados de la provincia no coincidían jamás en el diagnóstico.

Don Gumersindo, un día que se hartó, fue sin decir nada a nadie a casa de Rosario, sereno con ciertas artes de curandero; puso en práctica los procedimientos que le aconsejó y consiguió deshacerse de una tenia solitaria del tamaño de una serpiente pitón.

Aquel curso, don Gumersindo, aprobó a todos sus alumnos por el acreditado procedimiento de los exámenes prácticos. Con el alumno ante él, preguntaba, al tiempo que sonreía con dulzura,

—¿Verdad usted, señor Fernández, que esto que hay en este frasquito es *oriza sativa,* nombre latino y técnico del arroz?

El alumno, que no podía dar crédito a tamaña benevolencia en un profesor con cierta fama—y no del todo infundada—de feroz, se limitaba a musitar un sí es no es azarado.

—Sí, señor, eso creo yo también.

Y don Gumersindo, con un ademán casi versallesco, le replicaba.

—Bien, veo que estamos de acuerdo. Está usted aprobada. ¿Aspira usted a nota?

—No, señor, con el aprobado me conformo.

—Pues bien. Puede usted retirarse.

Para don Gumersindo, desde que se desligó de su tenia, había cambiado la faz de la ciudad y el gesto de sus habitantes. Don Gumersindo llegó casi, casi, a sentirse un hombre feliz y lleno de vida y de juventud, de ilusiones y de proyectos. ¡Ah! La vida, sin tenia, ¡tenía tantos encantos!

el cochino de that pig   **valerse de** to make use of
hacerse con to get hold of, obtain
colocar to place, put
escaparate shop window   **bote** canister
reconstituyente reconstituent (medical compound)   **cajita** small box
callicida corn remover   **letrero** label   **expulsada** expelled
catedrático professor
venírsele encima to fall in on one
llevara *imperfect subjunctive* **llevar**   se le había clavado   had
become implanted, had pierced him   **dardo** dart

Pero, ¡ay!, qué cierto es que la alegría poco dura en casa del pobre. El cochino de don Isaac, el boticario, valiéndose probablemente de malas artes, se hizo con la tenia de don Gumersindo, la metió en un frasco de cristal lleno de alcohol y la colocó en su escaparate—rodeada de botes de bicarbonato, de frascos de reconstituyentes y de cajitas de callicida—con un letrero que decía, en bella letra gótica: «Tenia solium, expulsada por el señor catedrático de la asignatura». El señor catedrático de la asignatura, al principio, quiso reír, pero más tarde sintió que el mundo se le venía encima. Su tenia —aquella tenia que durante tantos años llevara en el intestino—se le había clavado, como un dardo, en mitad de su corazón.

Synthetic Exercises

A.

1. Profesor / asignatura / llamarse / don Gumersindo. (*imp.*)
2. Tener / alrededor / — / sesenta / año. (*imp.*)
3. Ser / alto / flaco, / parco / — / palabra, / — / además. (*imp.*)
4. A / – que / (ellos) decir / (él) ser / también / masón. (*imp.*)
5. Don Gumersindo / no / tener / en / su / cabeza / más que / solo / pelo. (*imp.*)
6. Este / pelo / ser / muy / sabia– / trabajado / — / espiral. (*imp.*)
7. De / calva / no / verse / más que / alguno que otro / entresijo. (*imp.*)
8. Don Gumersindo / explicar / Historia Natural / en / viejo / instituto / provincias. (*imp.*)
9. Don Gumersindo / estar / convencido / de // Historia Natural / ser / asignatura / más / importante. (*imp.*)
10. Celo / don Gumersindo / no siempre / ser / comprend– / *imp.* por / señor director.

11. Alguno / vez / señor director / intentar / *pret.* exigir / le //
    imp. subj.
    repasar / programa / completo.

12. *cond.*
    "Todo / uno / vida / necesitarse / — / dar / solo /
    imp.
    repaso" / argumentar / le / don Gumersindo.

B.
    pluperf.
13. Don Gumersindo / haber sufrido / — / uno / mal / intes-
    imp.
    tinal // impedir / le / levantar / cabeza.
    pret.
14. (Él) visitar / médicos / más / afamado / provincia / pero /
    imp.
    no / coincidir / en / diagnóstico.
    pret.
15. Don Gumersindo / ir / sin / decir / nada / — / nadie / — /
    casa / Rosario.

16. Rosario / ser / sereno / con / cierto / artes / curandero.
    (*imp.*)
    pret.
17. Don Gumersindo / poner / — / práctica / procedimiento, /
    pret.
    conseguir / deshacerse de / tenia / solitario.

18. Aquel / curso / don Gumersindo / aprobar / — / todo / su /
    alumnos / por / procedimiento / exámenes / práctico. (*pret.*)

19. Con / alumno / ante / él / preguntar / a / tiempo //
    sonreír / con / dulzura. (*imp.*)
    imp.
20. Alumno / no / poder / dar / crédito / a / tamaño /
    benevolencia.

C.
    pret.
21. Don Gumersindo / llegar / casi, casi / — / sentirse / uno /
    hombre / feliz.

22. ¡Vida / sin / tenia / tener / tanto / encantos! (*imp.*)

23. Pero / qué / cierto / ser // alegría / poco / durar / — /
    casa / pobre! (*pres.*)

24. Don Isaac / boticario / hacerse / con / tenia / don
    Gumersindo. (*pret.*)

25. Don Issaac / meter / la / — / frasco / cristal, / colocar / la / — / escaparate. (*pret.*)

26. Frasco / tener / letrero // decir / en / bello / letra / gótico: / Tenia / expulsado / — / señor catedrático. (*imp.*)

        pret.

27. Don Gumersindo / a / principio / querer / reír.

        pret.   *imp.*

28. Más tarde / sentir // mundo / venírsele / encima.

        imp. subj.

29. Su / tenia // llevar / años / — / intestino / habérsele clavado / – mitad – / corazón. (*Restate entirely in the pluperfect indicative.*)

Express in Spanish

A.

1. The professor of the course was named don Gumersindo.
2. He was around sixty years old.
3. He was tall, thin, and sparse of word and of gesture.
4. According to what they said he was also a Mason.
5. Don Gumersindo did not have more than a single hair on his head.
6. This hair was very skillfully worked in a spiral.
7. On his bald spot one could not see more than the occasional spot.
8. Don Gumersindo taught Natural History in an old provincial institute.
9. Don Gumersindo was convinced that Natural History was the most important course.
10. Don Gumersindo's zeal was not always understood by the director.
11. Once the director tried to insist that he review the whole program.
12. "*A whole lifetime* would be needed to give a single review", argued don Gumersindo.

B.

13. Don Gumersindo had suffered an intestinal ailment that prevented him from being up and around.
14. He visited the most renowned doctors of the province but they did not agree in their diagnoses.

15. Without saying a word to anyone don Gumersindo went to the house of Rosario.
16. Rosario was a night watchman with certain skills *as* a medicine man.
17. Don Gumersindo applied the procedure and succeeded in getting rid of a solitary tapeworm.
18. That term don Gumersindo passed all his students by the process of qualifying examinations.
19. With the student in front of him, he asked questions *as* he smiled sweetly.
20. The students could not believe such benevolence.

C.

21. Don Gumersindo almost, (yes) almost began to feel (like) a happy man.
22. Life without the tapeworm had so many delights.
23. But how true it is that happiness lasts briefly in a poor man's house.
24. Don Isaac, the druggist, *got hold of* don Gumersindo's tapeworm.
25. Don Isaac put it in a glass flask and placed it in his shop window.
26. It had a label which said in beautiful Gothic letters: "Tapeworm expelled by the professor of the course".
27. Don Gumersindo at first *tried* to laugh.
28. Later, he felt that the world was *falling in on him*.
29. The tapeworm which he had carried for years in his intestines had now become implanted in the middle of his heart.

Questions

A.

1. ¿Cómo se llamaba el profesor de la asignatura?
2. ¿Cuántos años tenía?
3. ¿Cómo era él?
4. A lo que decían, ¿qué era él?
5. ¿Qué tenía don Gumersindo en su cabeza?
6. ¿Cómo era este pelo?
7. De la calva, ¿qué se la veía?
8. ¿Qué explicaba don Gumersindo, y dónde?

9. ¿De qué estaba convencido él?
10. ¿Cómo reaccionaba el señor director al celo de don Gumersindo?
11. ¿Qué intentó hacer el señor director alguna vez?
12. ¿Qué le argumentaba don Gumersindo?

B.

13. ¿De qué había sufrido don Gumersindo, y cómo le impidió?
14. ¿A quiénes visitó, y en qué no coincidían ellos?
15. ¿Adónde fue él sin decir nada a nadie?
16. ¿Quién era Rosario?
17. ¿Cómo consiguió deshacerse de la tenia?
18. ¿Qué hizo don Gumersindo aquel año en su asignatura?
19. Con el alumno ante él, ¿cómo le preguntaba don Gumersindo?
20. ¿A qué no podía dar crédito el alumno?

C.

21. ¿Qué llegó a sentirse don Gumersindo?
22. ¿Cómo era la vida sin tenia?
23. ¿Qué dice Cela de la alegría en casa del pobre?
24. ¿Con qué se hizo don Isaac?
25. ¿En dónde le metió don Isaac, y dónde lo colocó?
26. ¿Qué contenía el frasco, y qué decía el letrero?
27. ¿Qué quiso hacer al principio don Gumersindo?
28. ¿Cómo sintió más tarde?
29. ¿En dónde se la había clavado la tenia que llevara en el intestino?

Conversational Cues

A.

Profesor / asignatura / don Gumersindo.
Sesenta años.
Alto / flaco / parco / palabra / ademán.
Masón.
Don Gumersindo / cabeza / pelo.
Sabiamente / espiral.

Calva / verse / entresijo.
Explicar / Historia Natural instituto / provincias.
Estar convencido.
Celo / ser comprendido / señor director.
Intentar exigirle.
"Toda una vida repaso / programa" / argumentar.

B.

Don Gumersindo / mal
intestinal / levantar cabeza.
Médicos mas afamados /
coincidir / diagnóstico.
Don Gumersindo / ir /
decir / nada / nadie /
Rosario.
Rosario / sereno / artes /
curandero.
Don Gumersindo / poner
en práctica deshacerse de /
tenia.
Aquel curso / aprobar
exámenes prácticos.
Alumno / ante él
preguntar / sonreír.
Alumno / dar crédito /
tamaña benevolencia.

C.

Don Gumersindo / llegar
a sentirse.
Cierto / alegría / durar /
casa del pobre.
Don Isaac / boticario /
hacerse con.
Don Isaac / meter /
colocar / escaparate.
Frasco / letrero / letra
gótica / expulsada /
catedrático.
Don Gumersindo / querer
reír.
Más tarde / sentir /
mundo / venírsele encima.
Tenia / llevar / intestino
habérsele clavado / corazón.

Discussion Topics

1. Busque usted en el texto de esta selección un ejemplo de un
   juego de palabras y un ejemplo de un dicho popular.

   Lo siguiente es,
   constituye un
   ejemplo de . . .

2. ¿Ha notado usted una semejanza entre "Doña Laurita" y esta
   selección respecto a: la descripción de los personajes princi-
   pales; el humor; el aspecto narrativo; los elementos realistas?

recurso	ambos	nombrar (se)
empleo, uso	opuesto	exagerar
exageración	semejante	recurrir a
trozo	seco	emplear
	simpático	utilizar, usar
	antipático	

3. ¿Constituye un cuento esta selección? Si no, ¿cómo la calificaría usted?

4. Refiriéndose a ambas selecciones de Cela, ¿cree usted que representen ejemplos de un realismo exagerado? Explíquese.

insistencia	concreto	justificarse
	abstracto	ejemplificar, dar
	caricaturesco	ejemplos
		multiplicar
		insistir en

Jorge Luis Borges

Argentinian by birth and educated in Europe and Latin America, Jorge Luis Borges (1899–) was the first to relate the French "ultraisme" movement to Hispanic letters. Within this movement he has cultivated principally poetry and the short story. His major poetic works are *Fervor de Buenos Aires, Luna de enfrente,* and *Cuaderno de San Martín.* His prose works are: *Inquisiciones, El tamaño de mi esperanza, Discusión, Historia universal de la infamia, Ficciones, El Aleph* and other collections of short stories.

"Everything and Nothing" is from the short story collection *El hacedor.* In this story Borges investigates the universal problem of man's identity. William Shakespeare, the main figure, searches for his "persona" as an actor and dramatist, but finds it only in a dialog with God.

Nadie hubo en él He was a nobody   **rostro** face

   que aun a . . . pinturas which, judging from even the bad paintings

   (literally, which even by means of . . .)   **parecerse a** to look like

un sueño . . . alguien a dream not experienced by anyone

extrañeza surprise

el que whom   **vacuidad** emptiness

le dejó sentir led him to believe

diferir de especie to differ from others (of the same species)

el poco latín . . . contemporáneo the little Latin and less Greek which any

   other man of his era would speak   **el ejercicio . . . humanidad** the

   practice of his basic human instincts   **bien podía estar** he could well be

se dejó iniciar por he let himself begin with

veintitantos in his early twenties

adiestrado trained, become skilled   **simular** to pretend, feign

   alguien a real person, a somebody   **nadie** a nobody (lacking

   self-image)

la (profesión) del that of

jugar a ser otro to pretend to be another   **concurso** gathering

   juegan . . . otro pretend to accept him as that other (person)

   histriónica theatrical   **aclamado . . . verso** when the last verse had

   been applauded

Everything and nothing

Nadie hubo en él; detrás de su rostro (que aun a través de las malas pinturas de la época no se parece a ningún otro) y de sus palabras, que eran copiosas, fantásticas y agitadas, no había más que un poco de frío, un sueño no soñado por alguien. Al principio creyó que todas las personas eran como él, pero la extrañeza de un compañero con el que había empezado a comentar esa vacuidad, le reveló su error y le dejó sentir para siempre, que un individuo no debe diferir de especie. Alguna vez pensó que en los libros hallaría remedio para su mal y así aprendió el poco latín y menos griego de que hablaría un contemporáneo; después consideró que en el ejercicio de un rito elemental de la humanidad, bien podía estar lo que buscaba y se dejó iniciar por Anne Hathaway, durante una larga siesta de junio. A los veintitantos años fue a Londres. Instintivamente, ya se había adiestrado en el hábito de simular que era alguien, para que no se descubriera su condición de nadie; en Londres encontró la profesión a la que estaba predestinado, la del actor, que en un escenario, juega a ser otro, ante un concurso de personas que juegan a tomarlo por aquel otro. Las tareas histriónicas le enseñaron una felicidad singular, acaso la primera que conoció; pero aclamado el último verso y retirado de la escena el último muerto, el odiado sabor de la irreali-

63

recaía *imperfect* **recaer,** (it) would return to him   **Ferrex** or *Gorboduc*
(1562), early English tragedy by Sackville and Norton

Tamerlán *Tamburlaine, c.* 1587 tragedy by Christopher Marlowe

acosado vexed   **dar en** to take to   **cumplía...cuerpo** fulfilled
its physical needs   **lupanar** brothel   **desoye** *present* **desoír,**
not to heed   **augur** augurer   **aborrecer** abhor, loathe

alondra lark   **páramo** heath   **parcas** Fates

a semejanza de like   **Proteo** Proteus   **agotar** to exhaust

ser being, existence   **recodo** corner, remote passage

Ricardo Richard II, king of England

hacer el papel play the part   **Yago** Iago, antagonist in *Othello*
no soy lo que soy I am not what I seem to be.

pasajes passages

dirigida well-planned

sobrecoger to seize   **hastío** disgust

desdichado unfortunate, hapless   **divergir** to separate

venta sale

vincular to connect

ilustres de full of, made distinctive by

voces words

préstamo money loan   **litigio** litigation, lawsuit

usura usury

rasgo trace

soler visitar to be in the habit of visiting   **retiro** place of retirement
(i.e., Stratford-on-Avon)   **retomar** to take up again   **papel** role

agregar to add   **se supo frente a** he realized he was in the presence of

quiero ser uno y yo I want to be only one man alone and just myself

torbellino whirlwind

ser to exist   **soñar** to dream up, dream something into being

entre las formas...nadie you are there among the configurations of my
dream, you who like me are (both) many men and no one

dad recaía sobre él. Dejaba de ser Ferrex o Tamerlán y volvía a ser nadie. Acosado, dio en imaginar otros héroes y otras fábulas trágicas. Así, mientras el cuerpo cumplía su destino de cuerpo, en lupanares y tabernas de Londres, el alma que lo habitaba era César, que desoye la admonición del augur, y Julieta, que aborrece a la alondra, y ⁵ Macbeth, que conversa en el páramo con las brujas que también son las parcas. Nadie fue tantos hombres como aquel hombre, que a semejanza del egipcio Proteo pudo agotar todas las apariencias del ser. A veces, dejó en algún recodo de la obra una confesión, seguro de que no la descifrarían; Ricardo afirma que en su sola persona, 10 hace el papel de muchos, y Yago dice con curiosas palabras *no soy lo que soy*. La identidad fundamental de existir, soñar y representar le inspiró pasajes famosos.

Veinte años persistió en esa alucinación dirigida, pero una mañana lo sobrecogieron el hastío y el horror de ser tantos reyes que mueren 15 por la espada y tantos desdichados amantes que convergen, divergen y melodiosamente agonizan. Aquel mismo día resolvió la venta de su teatro. Antes de una semana había regresado al pueblo natal, donde recuperó los árboles y el río de la niñez y no los vinculó a aquellos otros que había celebrado su musa, ilustres de alusión mitológica y 20 de voces latinas. Tenía que ser alguien; fue un empresario retirado que ha hecho fortuna y a quien le interesan los préstamos, los litigios y la pequeña usura. En ese carácter dictó el árido testamento que conocemos, del que deliberadamente excluyó todo rasgo patético o literario. Solían visitar su retiro amigos de Londres, y él retomaba 25 para ellos el papel de poeta.

La historia agrega que, antes o después de morir, se supo frente a Dios y le dijo: *Yo, que tantos hombres he sido en vano, quiero ser uno y yo*. La voz de Dios le contestó desde un torbellino: *Yo tampoco soy; yo soñé el mundo como tú soñaste tu obra, mi Shake-* 30 *speare, y entre las formas de mi sueño estás tú, que como yo eres muchos y nadie.*

Synthetic Exercises

> NOTE: *Past participles are now given in the infinitive form,
> except in the case of adverbs, (viz., p. 81, #27).*

A.

1. Nadie / haber / — / él. (*pret.*)
          pret.   *imp.*
2. A / principio / creer // todo / personas / ser / como / él.
          pret.
3. Compañero / dejar / le / sentir / para siempre // individuo /
      pres.
no / deber / diferir / — / especie.
         pret.   *cond.*
4. Alguno / vez / pensar // en / libros / hallar / remedio /
para / su / mal.
          pret.
5. Después / considerar // en / ejercicios / — / su / propio /
          imp.   *imp.*
humanidad / poder / estar / – que / buscar.
6. Dejarse / iniciar / por / Anne Hathaway. (*pret.*)
7. A / veintitanto / año / ir / — / Londres. (*pret.*)
       pluperf.   *imp.*
8. Ya / haberse adiestrar / en / hábito / — / simular // ser /
alguien.
  imp.   *imp. subj.*
9. Hacer / eso / para // no / (3 sing.) descubrirse /
subject of descubrirse
su / condición / — / nadie.

B.

             pret.   *imp.*
10. En / Londres / encontrar / profesión / a / – que / estar /
past part.
predestinar.
11. Este / profesión / ser / el / — / actor. (*imp.*)
12. Tareas / histriónico / enseñar / le / primero / felicidad //
conocer. (*pret.*)
          imp.   *imp.*
13. Pero / cuando / dejar / — / hacer / uno / papel / volver /
— / ser / nadie.
14. Su / cuerpo / cumplir / su / destino / cuerpo / en / tabernas / Londres. (*imp.*)
15. Alma // lo / habitar / ser César, Julieta y Macbeth. (*imp.*)

16. Nadie / ser / tanto / hombres / como / aquel / hombre. (*pret.*)
    pret.
17. Poder / agotar / todo / apariencias / — / ser.

C.
18. A / veces / dejar / en / uno / recodo / — / su / obra / confesión. (*pret.*)
19. Por ejemplo / Yago / decir / "No / ser / - que / ser". (*pres.*)
20. Identidad / fundamental / — / existir / soñar, / representar /
    pret.
    inspirar / le / pasajes / famoso.
21. Veinte / año / persistir / — / ese / alucinación. (*pret.*)
    pret.   subject of sobrecoger
22. Pero / uno / mañana / sobrecoger / lo / hastío, / horror /
    — / ser / tanto / reyes.
23. Aquel / mismo / día / resolver / venta / su / teatro. (*pret.*)

D.
24. Antes / — / uno / semana / haber regresar / — / pueblo /
    natal. (*pluperf.*)
    pret.   past part.   pluperf.
25. Ser / empresario / retirar / de / - que / haber hacer /
    fortuna.
    pret.
26. En / ese / carácter / dictar / árido / testamento // (noso-
    pres.
    tros) conocer.
27. Deliberada— / excluir / todo / rasgo / literario / testamento.
    (*pret.*)
    imp.
28. Amigos / Londres / soler / visitar / le.
29. Retomar / para / ellos / papel / poeta. (*imp.*)
    pret.
30. Antes / — / después / — / morir / saberse / frente / — /
    Dios.
    pret.   pres. perf.
31. Decir / le: / "Yo / haber ser / tanto / hombres / pero /
    pres.
    querer / ser / uno, / yo".
32. Dios / contestar / le: (*pret.*)
    "Yo / tampoco / ser; (*pres.*)
    Yo / soñar / mundo / como / tu / soñar / obra; (*pret.*)

Estar / tu / entre / formas / mi / sueño; (*pres.*)
Tu / ser / como / yo / mucho, / nadie". (*pres.*)

Express in Spanish

A.

1. *He was a nobody.*
2. *In* the beginning he believed that all people were like him.
3. A companion left him *feeling* ever after that an individual must not differ from the (rest of) the species.
4. Once he thought that in books he would find a remedy for his ailment.
5. Later on he *felt* that in the exercise of his own humanity *he could find* what he was looking for.
6. He allowed himself to start (this undertaking) with Anne Hathaway.
7. *In his twenties,* he left for London.
8. By then he had become skilled in the habit of pretending to be somebody.
9. He did this so that his *feelings of being* a nobody would not be discovered.

B.

10. In London he found the profession *for* which he was pre-destined.
11. This profession was that of an actor.
12. (His) histrionic pursuits offered him the first happiness that he *had* (*yet*) *known.*
13. But when he *finished a role* he *again* was a nobody.
14. His body fulfilled its physical needs in the taverns of London.
15. The soul which inhabited him was Caesar, Juliet, and Macbeth.
16. Nobody was so many men (at once) as that man.
17. He *succeeded in* exhausting *every human essence.*

C.

18. Occasionally he left a confession in a portion of his work.
19. For example, Iago says, "I am not what I am".
20. The basic identity of *existence, dreams, and acting* gave him inspiration for famous passages.
21. He persisted (for) twenty years *under* this hallucination.

22. But, one morning, the boredom and horror of being so many kings seized him.
23. That same day he concluded the sale of his theater.

D.

24. Before a week (had passed) he had returned to his place of birth.
25. He was a retired impresario *of the sort that* made (his) fortune.
26. *As* that character he dictated the dry will and testament which we know.
27. He deliberately excluded all literary elements from the will.
28. Friends from London were accustomed to visiting him.
29. He took up again for them the role of poet.
30. Before or after dying *he realized* (he was) before God.
31. He said to him, "I have been so many men, but I want to be (only) one (man) and (just) *myself*".
32. God answered him:
    "I do not exist either;
    I dreamed the world as you dreamed your work;
    you are among the forms of my dream;
    you are like me, many (men) and no one."

Questions

A.

1. ¿Quién hubo en Shakespeare?
2. ¿Qué creyó él al principio?
3. ¿Qué le dejó sentir un compañero?
4. ¿Qué pensó alguna vez de los libros?
5. Y después, ¿dónde consideró que podía estar lo que buscaba?
6. ¿Por quién se dejó iniciar él?
7. ¿Cuándo fue a Londres?
8. ¿En qué hábito se había adiestrado ya?
9. ¿Para qué hacía eso?

B.

10. ¿Qué encontró en Londres?
11. ¿Cuál era?
12. ¿Qué le enseñaron las tareas histriónicas?
13. ¿A qué volvía (él) al dejar de hacer un papel?

14. ¿En dónde cumplía su cuerpo su destino?
15. ¿Cómo era el alma de él?
16. ¿Cómo se multiplicó él a sí mismo?
17. ¿Que pudo agotar él?

C.

18. ¿Qué dejó en el recodo de su obra?
19. Por ejemplo, ¿qué dice Yago?
20. ¿Cuáles son los tres aspectos de la identidad fundamental que le inspiraron pasajes famosos?
21. ¿Cuánto tiempo persistió en esa alucinación?
22. Una mañana, ¿qué emociones le sobrecogieron?
23. ¿Qué resolvió aquel mismo día?

D.

24. Antes de una semana, ¿adónde había regresado?
25. ¿Qué tipo de empresario fue?
26. En ese carácter, ¿qué dictó?
27. ¿Qué excluyó deliberadamente del testamento?
28. ¿Quiénes solían visitarle?
29. ¿Qué retomaba Shakespeare para ellos?
30. ¿Qué se supo antes o después de morir?
31. ¿Qué le dijo a Dios? (¿Qué ha sido él, y qué quiere ser?)
32. ¿Cómo le contestó Dios?
    (¿Es o no es?;
    ¿Qué soñó él, y qué soñó Shakespeare?;
    ¿Dónde está Shakespeare respecto a Dios?;
    ¿Quién es Shakespeare?)

Conversational Cues

A.

Nadie / haber / él.
Al principio / creer /
todas las personas.
Compañero / dejarle
sentir / diferir de especie.
Alguna vez / pensar /
libros / hallar remedio.
Después / considerar /
ejercicios / humanidad /

poder estar / buscar.
Dejarse iniciar / Anne
Hathaway.
Veintitantos / Londres.
Haberse adiestrado /
hábito / simular.
No se descubriera
condición / nadie.

B.

Londres / profesión / a la
que / estar predestinado.
Esta / la de actor.
Tareas histriónicas /
enseñar felicidad / conocer.
Dejar de hacer papel /
volver / nadie.
Cuerpo / cumplir /
destino / tabernas.
Alma habitarlo /
César Julieta Macbeth.
Nadie / tantos /
aquel hombre.
Poder agotar /
apariencias / ser.

C.

A veces / dejar / recodo /
confesión.
Ejemplo / Yago / "No
soy..."
Identidad fundamental /
existir / soñar / representar /
inspirar / pasajes.
Veinte / persistir /

alucinaciones.
Una mañana / sobrecoger /
hastío y horror / tantos
reyes.
Aquel mismo día /
resolver venta.

D.

Antes de una semana /
haber regresado.
Empresario retirado / de
los que / fortuna.
Carácter / dictar / árido
testamento / conocer.
Amigos / soler visitar.
Retomar / papel / poeta.
Antes o después / morir /
saberse / frente / Dios.
Decirle / "haber sido /
tantos / querer ser / uno /
yo."
Dios / contestar /
"tampoco ser; / soñar
mundo / soñar obra; /
estas / formas / sueño; /
tú / yo / muchos / nadie."

Discussion Topics

1. ¿Con qué motivos se habría escrito el título en inglés, y qué tiene que ver esto con el cuento?

diálogo	ambiguo	pertenecer
protagonista	irónico	reflejar
ambigüedad		considerarse
seguridad		acertar
ironía		asegurar
		tener que ver con
		hacer un papel

2. ¿Qué ideas le sugiere a usted la conversación entre Shakespeare
   y Dios?

creador	múltiple	faltar
creación	absoluto	crear
identidad	único	sugerir (e > ie)
ser humano	filosófico	darse cuenta
humanidad	existencial	
filosofía	existencialista	
existencialismo	(*noun and*	
dualidad	*adjective*)	
	provocativo	

3. Entre la narración y las ideas que aquélla insinúa, ¿cuál
   interesa más, ésta o aquélla? Especifique usted sus razones.

historia, cuento	metafísico	servir de
tesis, tema		ensayar
ensayo		insinuar

Max Aub

Max Aub (1903–), a Spanish writer born of German parents, is now a resident of Mexico. He is best known for the paradoxical elements in his literary works. Both irony and a sense of the pathetic permeate the framework of paradox. This is most obvious in his major works, *El desconfiado prodigioso* and *Una botella,* which were published and staged in Mexico.

"Uba-Opa" is from a collection of stories entitled *Ciertos cuentos.* The sad plight of the hero is ultimately resolved in the origin of the white race.

tierra adentro   in the inland regions   **decirse**   to claim to be

propuse   *preterit* **proponer,** I suggested   **se viniera**   *imperfect*
subjunctive **venir,** he come along
todo el que   everyone who   **atravesar**   to cross
perecer   to perish
se había hecho . . . mío   had become a good friend of mine
no tener nada que ver con   to have nothing to do with, be irrelevant
epitelial   epithelial   **pícaro**   roguish, playful
labio inferior   lower lip   **barrer**   to sweep along, rake up
catarata   flow, stream   **Me solía sentar**   he usually seated me
muy largo   a long white   **me figuro haber oído**   I imagine I heard
no se sabe . . . demás   one never knows where the ideas of others end

supuse   *preterit* **suponer**

halagado   flattered

Uba-Opa

Era del Yatenga, allí cerca de Onagadougou, tierra adentro. Se decía descendiente del rey Soninké, el Kaya Magan Sissé.* Estoy seguro de que me lo contó porque le propuse que se viniera conmigo a España:

—El mar es un círculo encantado y todo el que lo atraviesa, cambia 5 o perece.

Babua-Opó se había hecho muy amigo mío. No sé por qué. La simpatía no tiene nada que ver con los pigmentos epiteliales. Babua reía siempre y me miraba con ojos pícaros. Ojos amarillos y rojos, y un labio inferior que barría con todo, como una catarata de lava. Me 10 solía sentar a su lado y hablábamos muy largo con pocas palabras, las que sabíamos en el idioma del otro. Por eso, quizá, me figuro haber oído parte de lo que cuento: no se sabe nunca dónde acaba lo de los demás.

—Tú, negro. 15

Como me lo repitió varias veces supuse que era para demostrar el aprecio en que me tenía.

—Yo, negro —contestaba halagado.

—Tú no saber, pero tú: negro.

* Título de los reyes Soninké de Ghana.

tatarabuelo de su tatarabuelo   the great-great-grandfather of his great-great-
   grandfather

reino del Preste Juan   the Kingdom of Prester John (a medieval mythological
   priest or king associated with Ethiopia or Central Asia)

agarrarse   to seize hold of, hold onto

rinconada   corner, remote area   **Fernando Poo**   a former Spanish island

lo de menos   the least important (matter)

Hubo *preterit* **haber,** there was   **nadador**   swimmer

apuesta   bet

descabellada   preposterous, absurd

empeñarse   to persist, insist   **Gran Sacerdote**   High Priest

mar adentro   into the sea

tener tierras a la espalda   to have the land to one's back, behind one

acercarse   to approach   **decirle (a uno) al oído**   to whisper in the ear

Negro, negrito   Negro, Negro boy (lit., little Negro)

   perderás el color   you will lose your (skin) color

hacerle caso (a uno)   to pay attention (to someone)

animoso   brave, spirited

merluza   hake

treta   trick, craftiness
lubina   haddock

—Yo, negro.

—Todos negros.

No voy a intentar reproducir su manera de hablar porque sin la mímica sería falsa.

—Mi padre decía . . .

No se refería a su padre sino al abuelo de su abuelo o al tatarabuelo de su tatarabuelo: los blancos no han sorprendido nunca a los negros, ni aun aquellos portugueses, primeros que buscaron el reino del Preste Juan; tienen la superioridad del tiempo, siempre igual; tan llano el mar como el desierto, las penas y las sorpresas no tienen donde agarrase.

Estábamos allí, en aquella rinconada del Africa, frente a Fernando Poo. El calor era lo de menos.

Hubo una vez un negro que era un gran nadador. En el agua resistía más que nadie. Un día hizo una apuesta que a todos pareció descabellada: iría nadando hasta la isla. Ninguno lo creyó, él se empeñaba, hizo una apuesta con el Gran Sacerdote. Y una mañana se fue tranquilamente mar adentro.

Mientras tuvo tierra a sus espaldas no pasó nada, pero cuando la perdió de vista se le acercó una sardina y le dijo al oído:

—Negro, negrito, si sigues adelante perderás el color . . .

El negro, que se llamaba Uba-Opa —lo cual equivale a Santiago— no le hizo caso y siguió nadando. Entonces se le acercó un salmonete y le dijo al oído:

—Negro, negrito, no olvides lo que te dijo la sardina. Si sigues adelante perderás el color . . .

Uba-Opa no le hizo el menor caso. Se sentía muy animoso y muy tranquilo y siguió nadando mar adentro. Entonces se le acercó una merluza y le dijo al oído:

—Negro, negrito, no te olvides de lo que te dijeron la sardina y el salmonete. Si sigues adelante perderás el color . . .

Uba-Opa se reía y nadaba, seguro de ganar la apuesta. Él conocía muy bien las tretas del Gran Sacerdote. Entonces se la acercó una lubina y le dijo al oído:

—Negro, negrito, no te olvides de lo que te dijeron la sardina, el salmonete y la merluza. Si sigues adelante perderás el color . . .

besugo   sea bream

porque había... **isla**   because he had left a girlfriend (waiting for him) on the island

lisa   a river fish similar to a carp

hacerse el sordo   to pretend to be deaf, ignore   **extrañarse de**   to become uneasy

Sacaba la cabeza   He raised his head

pez espada   swordfish

las corrientes... **hablar**   the currents which he had heard about

tiburón   shark

no quiso oírle   refused to listen   **volverse atrás**   to go back
Siguió nadando... **viene.**   He kept on swimming as if it were nothing, arm over arm.   **ballena**   whale   **vozarrón**   booming voice
espantoso   frightening, frightful   **atronar**   to thunder

Uba-Opa no se preocupaba. Él estaba seguro de llegar a la isla y de ganar la apuesta. La verdad es que ya había ido y vuelto antes sin decírselo a nadie. Entonces se le acercó un besugo y le dijo al oído:

—Negro, negrito, no olvides de lo que te dijeron la sardina, el salmonete, la merluza y la lubina. Si sigues adelante perderás el color... 5

Uba-Opa no quería oír, sonreía porque había dejado una novia en la isla. Una novia tan bonita como la noche. Nadie lo sabía sino él y ella. Uba-Opa nadaba cada vez más y mejor. Entonces se le acercó una lisa y le dijo al oído: 10

—Negro, negrito, no olvides lo que te dijeron la sardina, el salmonete, la merluza, la lubina y el besugo. Si sigues adelante, perderás el color...

Uba-Opa se hizo el sordo. Empezaba a extrañarse de no llegar a la isla, pero seguía y seguía, sin cansarse. Entonces se le acercó un 15 delfín y le dijo, bastante fuerte, al oído:

—Negro, negrito, no olvides lo que te dijeron la sardina, el salmonete, la merluza, la lubina, el besugo y la lisa. Si sigues adelante perderás el color...

Uba-Opa no hizo caso. Sacaba la cabeza para ver la estrella y 20 asegurarse de que iba por el buen camino. Entonces se le acercó el pez espada y casi le gritó al oído:

—Negro, negrito, no olvides lo que te dijeron la sardina, el salmonte, la merluza, la lubina, el besugo, la lisa y el delfín. Si sigues adelante perderás el color... 25

Uba-Opa empezó a preocuparse y pensó en las corrientes de las cuales había oído hablar, y que desconocía. Pero como no se cansaba no se preocupó. Entonces se le acercó un tiburón que le habló a gritos, cerca del oído:

—Negro, negrito, no olvides lo que te dijeron la sardina, el sal- 30 monete, la merluza, la labina, el besugo, la lisa, el delfín y el pez espada. Si sigues adelante perderás el color...

Uba-Opa no quiso oírle. Le daba vergüenza volverse atrás y perder la apuesta. Siguió nadando como si tal cosa, brazada va y brazada viene. Entonces se le acercó la ballena que con su vozarrón terrible y 35 espantoso le atronó al oído:

dar con   to meet, run across

se le hicieron . . . bienes   solemn funeral rites were offered for him and his belongings were divided up (among the people)

recorrer   to travel around

se le apareció un hombre blanco   a white man appeared before him

asustarse   to be frightened

ser   being

darse cuenta de   to realize

ponerse a   to begin to

a medida que se acercara de nuevo   as he again approached

echarse de nuevo   to jump in again   **a la mar**   mar as a feminine noun is more poetic

cambiar hasta de nombre   to change even one's name

dar vueltas a su alrededor   to circle around one

susurrar   to whisper, murmur

bailándole en coro   dancing around him altogether

—Negro, negrito, no olvides lo que te dijeron la sardina, el salmonete, la merluza, la lubina, la lisa, el delfín, el pez espada y el tiburón. Si sigues adelante perderás el color . . . Uba-Opa no le hizo caso. Pensaba en su novia negra como la noche, en la isla verde, y seguía nadando. Nadó muchas horas, muchos días, muchas noches meses y meses; no se cansaba nunca. Mas no daba con la isla.

Aquí todos creyeron que se había muerto y se le hicieron grandes funerales y se repartieron sus bienes. Pero Uba-Opa seguía nadando y nadando hasta que una mañana llegó a una tierra desconocida y desierta. Uba-Opa descansó y luego empezó a recorrer aquella isla. Llegó a una fuente, tuvo sed y quiso beber. Pero al inclinarse se le apareció un hombre blanco y se asustó. Se volvió rápidamente para ver quién era aquel ser extraño, pero estaba solo. Se volvió a inclinar para beber y de nuevo apareció el hombre blanco. Uba-Opa abrió la boca y el hombre blanco hizo lo mismo. Entonces Uba-Opa se dió cuenta de que aquella cara era la suya y se puso a llorar.

Decidió volverse en seguida, seguro de que a medida que se acercara de nuevo a su tierra recobraría su color perdido. Y así se echó de nuevo a la mar nadando día y noche, noche y día. La ballena se le acercó y le dijo al oído:

—Ya te lo dije, y el tiburón, y el pez espada, y el delfín, y la lisa, y el besugo, y la lubina, y la merluza y el salmonete y la sardina. ¿Qué vas a hacer ahora?

Uba-Opa lloraba.

—Tendrás que cambiar hasta de nombre . . .

Uba-Opa tenía la esperanza de recobrar su color y nadaba y nadaba cada vez con más fuerza. Se le acercó el tiburón que dando vueltas a su alrededor le susurró:

—Ya te lo dijo el pez espada, y el delfín, y el besugo, y la lubina, y la merluza, y el salmonete y la sardina. ¿Qué vas a hacer ahora? . . . Tendrás que cambiar hasta de nombre . . .

Uba-Opa empezaba a cansarse de tanto nadar. Entonces se le acercaron el pez espada, el defín, la lisa, el besugo, la lubina, la merluza, el salmonete y la sardina y bailándole en coro le dijeron:

metérsele por los ojos   to flood, flow into ones eyes

tristísimo . . . blanco   very sad to do it (die) as a white man

saber nada de   to have nothing to do with

sucedido   happened

le daba . . . color   she was ashamed of his color

dispuesto   *past participle* **disponer,** ready

descubierto   *past participle* **descubrir,** discovered

tras   after

entrañablemente   deeply

anguila   eel   **desenrollarse**   to unwind

aleta   fin   **arrastrar**   to crawl   **fango**   mire, mud

pero su novia sí   but his girlfriend did (want to pay attention)

no dijo . . . aquello   said nothing more about that (matter)

lo   *do not translate*

por lo visto   apparently   **lo**   *do not translate*

por suyo   for/as their own

desteñido   washed out, bleached out

—Ya te lo dijimos, ya te lo dijimos . . . Tendrás que cambiar hasta de nombre . . .

—Uba-Opa sintió cómo el mar se le metía por los ojos y cómo sus brazos ya casi no le sostenían. Se acordaba de su color y le iban faltando las fuerzas. Cuando ya estaba dispuesto a morir—tristísimo 5 de hacerlo blanco—sus pies tocaron tierra. Y se encontró en Fernando Poo. Se fue en seguida a casa de su novia, pero ésta no le conoció. Y no quiso saber nada de él. Uba-Opa se miró en el agua y vio con tristeza que seguía siendo blanco. Entonces le contó a su novia todo lo que le había sucedido, y su novia le reconoció. Ella quería mucho 10 a Uba-Opa pero le daba vergüenza su color: le parecía que estaba desnudo, dispuesto para la fiesta de la Luna Verde, que no podía mirarlo, porque era pecado. Entonces Uba-Opa le propuso que se fueran a la isla que había descubierto y cambiaran de nombre sin decírselo a nadie. Su novia, tras dudarlo mucho, porque quería 15 entrañablemente a sus padres, acabó diciéndole que sí.

A la mañana siguiente echaron a nadar hacia el horizonte. Esta vez ningún pez se les acercó, mientras seguían hacia la estrella fija. La novia fue perdiendo también su color. Uba-Opa la iba mirando mientras nadaba y su corazón sufría. Tras muchos días y muchas 20 noches llegaron a aquella tierra extraña y no supieron qué hacer. Anduvieron por largas playas hasta encontrar un hermoso jardín, y en él un árbol, y en el árbol una fruta que desconocían. No se atrevían a comerla cuando una anguila se desenrolló del tronco y empezó a hablarles. (La anguila es un pez envidioso al que castigaron 25 quitándole las aletas y que desde entonces se arrastra por el fango.) Uba-Opa no quería hacerle caso, pero su novia sí.

Lo que sucedió después lo sabes tú mejor que nosotros . . .

Babua-Opó no dijo más de aquello, luego añadió:

—Los negros lo éramos todo. Pero un día vinieron los hijos de 30 Uba-Opa y su novia que, por lo visto, conocían la verdad de la historia. Empezaron a reclamarlo todo por suyo . . . ¿Qué podíamos hacer nosotros? . . . Luego se hicieron los amos. Todo sucedió porque un negro no le hizo caso a los peces. El mar es un círculo encantado. Todo el que lo atraviesa cambia o perece. Tú no eres más que un 35 negro desteñido . . .

84

Synthetic Exercises

A.

1. Babua / ser / — / Yatenga / — / Africa. (*imp.*)
 pret.   *imp. subj.*
2. Autor / proponer / le / Babua // venirse / — / él / — /
 España.
 imp.   *imp.*
3. Babua / soler / le / sentar / — / su / lado, / (ellos) hablar
 / muy largo.
 pret.   *pret.*
4. Babua / repetir / le / vario / veces // todos / ser / negro.
 pret.   *pret.*   *imp.*
5. Babua / contar // haber / negro // llamarse / Uba-Opa.
 pret.   *cond. pres. part.*
6. Día / Uba-Opa / hacer / apuesta // ir / nadar / hasta / isla.
7. Ninguno / creer / lo / pero / hacer / apuesta / — / Grande
 / Sacerdote. (*pret.*)
8. Uno / mañana / irse / tranquila– / mar adentro. (*pret.*)
9. Cuando / perder / — / vista / tierra / acercarse / le /
 subject of acercarse
 mucho / peces. (*pret.*)
 pret.   *pres.*
10. (Ellos) decir / le / "Negrito / si / seguir / adelante /
 fut.
 perder / color".

B.

11. Uba-Opa / no / hacer / les / menor / caso. (*pret.*)
 pret.   *pret.*   *imp.*
12. (Él) reírse, / nadar / porque / conocer / bien / tretas /
 Grande / Sacerdote.
 pluperf.   *ind. obj.*
13. Ya / haber ir, volver / sin / decir / se / lo / — / nadie.
14. Además / Uba-Opa / haber dejar / novia / — / isla.
 (*pluperf.*)
 pret.
15. Empezar / — / extrañarse / — / no / llegar / — / isla /
 imp.
 pero / seguir / sin / cansarse.
 pret.
16. Nadar / mucho / horas / mucho / días, / noches, / mucho /
 imp.
 meses / mas / no / dar / con / isla.

    pret.   *pluperf.*   *pret.*
17. Todos / creer // haberse morir, / hacer / se / le /
   subject of hacer
   grande / funerales.

     imp.   *pres. part.*   *pret.*
18. (Él) seguir / nadar / hasta // uno / mañana / llegar / — /
     past part.
   tierra / desconocer.

C.

   pret.   *pret.*
19. Empezar / — / recorrer / aquel / isla, / llegar / — / fuente.
20. A / inclinarse / aparecer / se / le / hombre / blanco. (*pret.*)
   pret.   *imp.*
21. Volverse / rápida– / — / ver / quién / ser / aquel / ser /
   extraño.
   pret.   *imp.*   *pret.*
22. Darse / cuenta / — // aquel / cara / ser / suyo, / ponerse /
   — / llorar.
   pret.
23. Decidir / volverse / — / su / tierra / seguro / — //
   cond.
   recobrar / color.
   pret.   *pres. part.*
24. Echarse / — / nuevo / — / mar / nadar / día, / noche.
25. Mismo / peces / acercarse / le, / susurrar / le / — / oído.
   (*pret.*)
     imp.   *imp. pres. part.*
26. (Él) acordarse / — / color, / le / ir / faltar / fuerzas.
     imp.   *past part.*   *pret.*
27. Cuando / ya / estar / disponer / — / morir / pies / tocar /
   tierra.

D.

28. (Él) irse / — / casa / novia / pero / ésta / no / conocer /
   le (Uba-Opa). (*pret.*)
29. Ella / no / querer / saber / (algo) / — / él. (*pret.*)
        pret.   *pret. imp. pres. part.*
30. Uba-Opa / mirarse / — / agua, / ver // seguir / ser /
   blanco.
          pret.   *pluperf.*
31. Entonces / (él) contar / le / todo / – que / le / haber
          pret.
   suceder, / su / novia / reconocer / le.

32. Ella / querer / mucho / — / Uba-Opa / pero / dar / le / vergüenza / su / color (de él). (*imp.*)
        pret.   *imp. subj.*
33. Uba-Opa / proponer / le // (ellos) irse / — / isla // (él) *pluperf.*
    haber descubrir.
                                    pret.
34. A / mañana / siguiente / (ellos) echar / — / nadar / hacia / horizonte.
           pret. pres. part.   *imp.*
35. Novia / ir / perder / color / mientras / Uba-Opa / sufrir / — / mirar / la.

E.

36. Tras / mucho / días, / noches / (ellos) llegar / — / aquel / tierra / extraño. (*pret.*)
37. (Ellos) andar / — / largo / playas / hasta / encontrar / hermoso / jardín. (*pret.*)
                                            subject
38. En / árbol / haber / fruta // (ellos) desconocer / dos. (*imp.*)
39. Anguila / desenrollarse / tronco, / empezar / — / hablar / les. (*pret.*)
40. Uba-Opa / no / querer / hacer / le / caso / pero / novia / sí. (*imp.*)
    pret.
41. Día / venir / hijos / — / Uba-Opa, / novia // (ellos: hijos) *imp.*
    conocer / verdad.
42. Éstos / empezar / — / reclamar / lo / todo / por / suyo. (*pret.*)
             pres.   *past part.*
43. a. Babua / opinar // mar / ser / círculo / encantar.
    b. Todo / – que / lo / atravesar / cambiar / o / perecer. (*pres.*)
           pres.   *past part.*
    c. Autor / no / ser / más // negro / desteñir.

Express in Spanish

A.

1. Babua is from Yatenga *in* Africa.
2. The author suggested to Babua that he come along with him to Spain.

3. Babua *used to* seat him (the author) by his side and they would talk a long time.

4. Babua repeated to him several times that everyone (once) was black.

5. Babua *said* that there (once) was a Negro who was called Uba-Opa.

6. One day Uba-Opa made a bet that he *would swim* all the way to the island.

7. No one believed him, but he made the bet with the High Priest (anyway).

8. One morning he went quietly *into the sea.*

9. When he lost sight of the land, many fish approached him.

10. They said to him, "Black boy, if you continue on, you will lose your color".

B.

11. Uba-Opa didn't pay the slightest attention to them.

12. He laughed and swam because he was quite familiar *with* the tricks of the High Priest.

13. Besides, he had already *made the trip both ways* without telling it to anyone.

14. Uba-Opa had left a girlfriend (waiting) on the island.

15. He began to wonder why he was not reaching the island, but he kept on (going) without getting tired.

16. He swam many hours, many days and nights, and many months but he didn't come across the island.

17. Everyone believed that he had died and solemn funeral rites were offered *for* him.

18. He continued swimming until one morning he reached an unknown land.

C.

19. He began looking around that island and he arrived at a fountain.

20. On leaning over (the fountain), a white man appeared to him.

21. He turned around quickly in order to see who that strange individual was.

22. He realized that that face was his and he began to weep.

23. He decided to return to his homeland, certain that he would recover his color.

24. He jumped into the sea again (and began) swimming day and night.

25. The same fish (plural) approached him and whispered in his ear.
26. He remembered his (new) color and he was losing his strength.
27. When he was *about* ready to die, his feet touched land.

D.

28. He went to the house of his girlfriend but she did not recognize him.
29. She didn't want to have anything to do with him.
30. Uba-Opa looked at himself in the water and saw that *he was still* white.
31. Then he told his girlfriend everything *that* had happened to him and his girlfriend (finally) recognized him.
32. She loved Uba-Opa very much, but his color made her ashamed (of him).
33. Uba-Opa suggested to her that they leave for the island that he had discovered.
34. On the following morning they began to swim toward the horizon.
35. The girlfriend *was* also losing her color while Uba-Opa *looked at her and suffered.*

E.

36. After many days and nights they arrived at the strange land.
37. They walked over the long beaches until *they* discovered a lovely garden.
38. In a tree there was a fruit which *was unknown to the two of them.*
39. An eel unwound itself from the trunk and began to talk with them.
40. Uba-Opa didn't want to pay attention to him, but the girlfriend *did.*
41. One day the children of Uba-Opa and his girlfriend, who know the *facts* of the story, arrived.
42. These children began to claim everything for their own.
43. a. Babua offers the opinion that the sea is an enchanted circle.
    b. Everything that crosses it changes or perishes.
    c. The author is nothing more than a washed-out Negro.

Questions

A.

1. ¿De dónde era Babua-Opó?
2. ¿Qué le propuso el autor a Babua?
3. ¿Qué solía hacer Babua, y qué hacían ellos?
4. ¿Qué repitió Babua varias veces?
5. ¿Qué contó Babua?
6. ¿Qué hizo un día Uba-Opa?
7. ¿Lo creyó alguien, —pero, qué hizo entonces Uba-Opa?
8. ¿Adónde se fue Uba-Opa una mañana?
9. Cuando perdió de nota la tierra, ¿quiénes se le acercaron?
10. ¿Qué le dijeron?

B.

11. ¿Cómo reaccionó Uba-Opa?
12. ¿Por qué se reía y nadaba?
13. ¿Qué había hecho ya sin decírselo a nadie?
14. Además, ¿qué había dejado en la isla?
15. ¿Por qué empezó a extrañarse, y qué hacía?
16. ¿Cuánto tiempo nadó, mas, qué resultó?
17. ¿Qué creyeron todos, y qué se le hicieron?
18. ¿Cómo seguía Uba-Opa, y adónde llegó una mañana?

C.

19. ¿Qué empezó a hacer, y a qué llegó?
20. Al inclinarse, ¿qué se le apareció?
21. ¿Para qué se volvió rapidamente Uba-Opa?
22. ¿De qué se dio cuenta, y cómo se puso él?
23. ¿Qué decidió, y de qué estaba seguro?
24. ¿Adónde se echó de nuevo?
25. ¿Quiénes se le acercaron, y qué hicieron?
26. ¿De qué se acordaba, y qué le pasaba?
27. Cuando ya estaba dispuesto a morir, ¿qué pasó?

D.

28. ¿Adónde se fue Uba-Opa, y cómo le recibió ella?
29. ¿Qué no quiso saber ella?
30. ¿En qué se miró Uba-Opa, y qué vio?
31. ¿Que le contó a su novia, y cómo reaccionó ella?

32. ¿Qué sentía ella por Uba-Opa, y qué le daba vergüenza (a ella)?
33. ¿Qué le propuso Uba-Opa?
34. ¿Qué hicieron a la mañana siguiente?
35. ¿Qué fue perdiendo la novia, y cómo reaccionaba Uba-Opa?

E.

36. Tras muchos días y noches, ¿adónde llegaron?
37. ¿Por dónde anduvieron, y qué encontraron?
38. ¿Qué había en el árbol; la conocían?
39. ¿Qué se desenrolló del tronco, y qué empezó a hacer?
40. ¿Qué no quería Uba-Opa; y su novia?
41. ¿Quiénes vinieron un día, y qué conocían?
42. ¿Qué empezaron a hacer éstos?
43. a. ¿Qué opina Babua del mar?
    b. ¿Qué pasa a todo lo que lo atraviesa?
    c. ¿Qué es el autor?

Conversational Cues

A.

Babua / Yatenga / Africa.
Autor / proponer /
venirse / España.
Babua / soler sentarle /
hablar muy largo.
Babua / repetir / todos /
negros.
Babua / contar / Uba-Opa.
Uba-Opa / apuesta / ir
nadando / isla.
Ninguno / creer / apuesta /
Gran Sacerdote.
Mañana / irse / mar
adentro.
Perder de vista / tierra /
acercársele / peces.
Decir / "Negrito /
seguir / perder."

B.

Uba-Opa / hacer caso.
Reírse / nadar / tretas /
Gran Sacerdote.
Haber ido y vuelto.
Haber dejado / novia.
Empezar a extrañarse /
llegar / seguir / cansarse.
Nadar / horas / días /
noches / meses / dar con.
Todos / creer /
hacérsele / funerales.
Seguir nadando / llegar /
tierra desconocida.

C.

Empezar a recorrer / isla /
fuente.
Inclinarse / aparecérsele.

Volverse / ver / ser extraño.
Darse cuenta / cara /
ponerse a llorar.
Decidir / tierra / seguro /
recobrar.
Echarse de nuevo / nadando.
Mismos peces / acercársele /
susurrar.
Acordarse / irle faltando.
Estar dispuesto / pies /
tocar.

D.

Irse / casa / ésta /
conocerle.
Ella / querer saber.
Uba-Opa / mirarse /
seguir siendo.
(Él) contar / todo lo que /
novia / reconocer.
Ella / quererle /
darle vergüenza.
Uba-Opa / proponerle /
(ellos) irse / isla / haber

descubierto.
Mañana siguiente / echar a
nadar / horizonte.
Novia / ir perdiendo /
mientras / Uba-Opa / sufrir.

E.

Tras / días / noches /
(ellos) llegar / tierra.
(Ellos) andar / playas /
jardín.
Árbol / fruta / desconocer /
los dos.
Anguila / desenrollarse /
hablar.
Uba-Opa / hacer caso /
novia.
Un día / hijos / conocer /
verdad.
Éstos / reclamar / suyo.
Babua / opinar /mar.
Todo lo que / atravesar.
Autor / desteñido.

Discussion Topics

1. ¿Qué elementos de fábula popular se notan en "Uba-Opa", y
   con qué otra historia se relaciona?

moraleja	bíblico	tratarse de
habilidad	marítimo	ser capaz de
pez		
Biblia		
Edén		
Odisea		

2. Examine usted otros rasgos del estilo, y dé ejemplos textuales
   para cada observación.

repetición	simple	repetir (e > i)
valor	complicado	
propósito	llano	
diálogo		
estilo directo		
estilo indirecto		
prosa		

3. Explique usted la ironía final.

explicación	racial	explicar
revelación	revelador	insinuar
insinuación		(re)interpretar
cuestión		querer decir
interpretación		dar otro sentido
sentido		a ...
cambio		

Miguel Delibes

Miguel Delibes (1920–), professor, journalist, caricaturist, and novelist was born and now resides in Valladolid, Spain. A prolific novelist, his major works are: *La sombra del ciprés es alargada* which won the Nadal Prize (1947); *Aún es de día; El camino; Mi idolatrado hijo Sisí; Diario de un cazador* which earned him the Spanish National Prize for Literature (1955); *Diario de un emigrante;* and *La hoja roja* which was awarded the "Juan March" Prize. His collections of short stories are *Siestas con viento sur* and *La partida.*

"En una noche así," from *La partida,* illustrates a recurrent theme in Delibes' work. The narrators are victims of their own nature and existence. The personal tragedies of three men are intertwined in this pathetic Christmas tale.

recién salido   recently released

duro   a coin of five pesetas   **Casi lo mejor si ... silbar**   Perhaps the best
thing to do if, like in my case, you find yourself alone is to begin to whistle

al relente de   in the dampness of

preparativo   preparation

lo peor ... solo   the worst (part) is not being alone   **hiriente**   stinging,
biting·   **Nochebuena**   Christmas Eve   **ni el terminar de salir**   nor
having just gotten out   **molido**   pulverized   **reuma**   rheumatism
hígado trastornado   a liver condition, ruined liver   **sin una
pieza**   without a single tooth   **porquería**   mess, calamity
aleteando en torno   hovering around one   **entrar en uno**   to become a
part of one

de cabo a rabo   from head to foot

cargada de ... uniformes   laden with gray, bulky, and uniform clouds

amenazar   to threaten   **el que**   the fact that

envuelta   *past participle* **envolver,** wrapped

En una noche así

Yo no sé qué puede hacer un hombre recién salido de la cárcel en una fría noche de Navidad y con dos duros en el bolsillo. Casi lo mejor si, como en mi caso, se encuentra solo es ponerse a silbar una banal canción infantil y sentarse al relente del parque a observar cómo pasa la gente y los preparativos de la felicidad de la gente. 5 Porque lo peor no es el estar solo, ni el hiriente frío de la Nochebuena, ni el terminar de salir de la cárcel, sino el encontrarse uno a los treinta años con el hombro izquierdo molido por el reuma, el hígado trastornado, la boca sin una pieza y hecho una dolorosa y total porquería. Y también es mala la soledad y la conciencia de la 10 felicidad aleteando en torno, pero sin decidirse a entrar en uno. Todo eso es malo como es malo el sentimiento de todo ello y como es absurda y torpe la pretensión de reformarse uno de cabo a rabo en una noche como ésta, con el hombro izquierdo molido por el reuma y con un par de duros en el bolsillo. 15

La noche está fría, cargada de nubes grises, abultadas y uniformes que amenazan nieve. Es decir, puede nevar o no nevar, pero el que nieve o no nieve no remediará mi reuma, ni mi boca desdentada, ni el horroroso vacío de mi estómago. Por eso fui a donde había música y me encontré a un hombre con la cara envuelta en una hermosa 20

95

bufanda   scarf   **raído**   *past participle* **raer,** frayed, threadbare

cayéndosele a pedazos   falling into shreds on him   **acera**   sidewalk

boina   beret

sin decir palabra   without saying a word

interpretar   to play

hubiera ... pecado   it would have been a shame

menesteroso   needy person

pieza   piece, song

semioculta   half-hidden   **párpados superiores**   eyelids

para que ... puntapiés   that they not kick him anymore

incorporarse   to straighten up

gorra   beret

¿Te parece ... andando?   Would you mind if we move on?

necesitar de   to need

que ya estaba ... claro   since it was already clear enough

escasos transeúntes rezagados   the few stragglers

recelo   suspicion

bufanda, pero con un traje raído, cayéndosele a pedazos. Estaba sentado en la acera, ante un café brillantemente iluminado, y tenía entre las piernas, en el suelo, una boina negra, cargada de monedas de poco valor. Me aproximé a él y me detuve a su lado sin decir palabra porque el hombre interpretaba en ese momento en su 5 acordeón *El Danubio Azul* y hubiera sido un pecado interrumpirle. Además, yo tenía la sensación de que tocaba para mí y me emocionaba el que un menesteroso tocase para otro menesteroso en una noche como ésta. Y al concluir la hermosa pieza le dije:

—¿Cómo te llamas? 10

El me miró con las pupilas semiocultas bajo los párpados superiores, como un perro implorando para que no le den más puntapiés. Y le dije de nuevo:

—¿Cómo te llamas?

El se incorporó y me dijo: 15

—Llámame Nicolás.

Recogió la gorra, guardó las monedas en el bolsillo y me dijo:

—¿Te parece que vayamos andando?

Y yo sentía que nos necesitábamos el uno al otro, porque en una noche como ésta un hombre necesita de otro hombre y todos del 20 calor de la compañía. Y le dije:

—¿Tienes familia?

Me miró sin decir nada. Yo insistí y dije:

—¿Tienes familia?

El dijo, al fin: 25

—No te entiendo. Habla más claro.

Yo entendía que ya estaba lo suficientemente claro, pero le dije:

—¿Estás solo?

Y él dijo:

—Ahora estoy contigo. 30

—¿Sabes tocar andando? —le dije yo.

—Sé —me dijo.

Y le pedí que tocara *Esta noche es Nochebuena* mientras caminábamos y los escasos transeúntes rezagados nos miraban con un poco de recelo y yo, mientras Nicolás tocaba, me acordaba de mi hijo 35

la Chelo   *do not translate* **la**   **donde andaría le Chelo**   where Chelo
  might be

que despertaban . . . recuerdo   which aroused in me a distant echo or a warm
  memory

había de . . . actual   I was to return from my reminiscence to my present sad
  reality   **incorporación**   return, approach, memory
  estremecimiento   shudder
barrio céntrico   central section of town
más a gusto   more to (our) liking   **en pleno . . . menestrales**   right in
  the middle of (the selection for) artisans and mechanics
  resuello   escaping air   **congelarse**   to freeze   **jirón**   bit, small part
  blanquecina   whitish
destartalada   scantily and poorly furnished
pino sin cepillar   unplaned pine
Hacía bueno allí   That place was satisfactory   **recogerse**   to remove
sin forma   without shape, mangled   **mandíbula inferior**   jawbone
la piel . . . cicatriz   his skin (was) wrinkled and furrowed in one frightful
  scar
quemarse   to get burned
cogote   nape of the neck
pelado   hairless   **facciones abultadas**   bulky features (of the face)
recogida   rolled up   **codos**   elbows

Vacilaba   (subject: **él**) He hesitated

hombrón   big, husky man   **trancar**   to lock
mostrador   counter   **apurar**   to finish

muerto y de la Chelo y de dónde andaría la Chelo y de dónde andaría mi hijo muerto. Y cuando concluyó Nicolás, le dije:

—¿Quieres tocar ahora *Quisiera ser tan alto como la luna, ay, ay?*

Yo hubiera deseado que Nicolás tocase de una manera continuada, sin necesidad de que yo se lo pidiera, todas las piezas que despertaban 5 en mí un eco lejano o un devoto recuerdo, pero Nicolás se interrumpía a cada pieza y yo había de rogarle que tocara otra cosa en su acordeón y para pedírselo había de volver de mi recuerdo a mi triste realidad actual y cada incorporación al pasado me costaba un estremecimiento y un gran dolor. 10

Y así, andando, salimos de los barrios céntricos y nos hallábamos —más a gusto— en pleno foco de artesanos y menestrales. Y hacía tanto frío que hasta el resuello del acordeón se congelaba en el aire como un jirón de niebla blanquecina. Entonces le dije a Nicolás:

—Vamos ahí dentro. Hará menos frío. 15

Y entramos en una taberna destartalada, sin público, con una larga mesa de tablas de pino sin cepillar y unos bancos tan largos como la mesa. Hacía bueno allí y Nicolás se recogió la bufanda. Vi entonces que tenía media cara sin forma, con la mandíbula inferior quebrantada y la piel arrugada y recogida en una pavorosa cicatriz. Tampoco 20 tenía ojo derecho en ese lado. El me vio mirarle y me dijo:

—Me quemé.

Salió el tabernero, que era un hombre enorme con el cogote recto y casi pelado y un cuello ancho, como de toro. Tenía las facciones abultadas y la camisa recogida por encima de los codos. Parecía uno 25 de esos tipos envidiables que no tienen frío nunca.

—Iba a cerrar —dijo.

Y yo dije:

—Cierra. Estaremos mejor solos.

El me miró y, luego, miró a Nicolás. Vacilaba. Yo dije: 30

—Cierra ya. Mi amigo hará música y beberemos. Es Nochebuena.

Dijo Nicolás:

—Tres vasos.

El hombrón, sin decir nada, trancó la puerta, alineó tres vasos en el húmedo mostrador de cinc y los llenó de vino. Apuré el mío y 35 dije:

ensombrecerse   (subject: **la mirada**) to cloud up, grow dark

va para   it is going on

apretar   to grow tight (with emotion)

Le tuve.   I did have one.

se me fue   he left me (died)
por qué será   (I wonder), why is it . . .

churrera   woman who makes fritters (churros) in oil   **abrasar**   to burn
Es de lo único   It's the only thing

tantear   to try, assay

acodarse   to lean on one's elbows
antebrazo   forearm
recinto   place   **entrever**   to glimpse
latido   beat, throb
dulcificar   to soften

—Nicolás, toca *Mambrú se fue a la guerra,* ¿quieres?

El tabernero hizo un gesto patético. Nicolás se detuvo. Dijo el tabernero:

—No; tocará antes *La última noche que pasé contigo.* Fue el último tango que bailé con ella.

Se le ensombreció la mirada de un modo extraño. Y mientras Nicolás tocaba le dije:

—¿Qué?

Dijo él:

—Murió. Va para tres años.

Llenó los vasos de nuevo y bebimos y los volvió a llenar y volvimos a beber y los llenó otra vez y otra vez bebimos y después, sin que yo dijera nada, Nicolás empezó a tocar *Mambrú se fue a la guerra* con mucho sentimiento. Noté que me apretaba la garganta y dije:

—Mi chico cantaba esto cada día.

El tabernero llenó otra vez los vasos y dijo sorprendido:

—¿Tienes un hijo que sabe cantar?

Yo dije:

—Le tuve.

El dijo:

—También mi mujer quería un hijo y se me fue sin 'conseguirlo. Ella era una flor, ¿sabes? Yo no fui bueno con ella y se murió. ¿Por qué será que mueren siempre los mejores?

Nicolás dejó de tocar. Dijo:

—No sé de qué estáis hablando. Cuando la churrera me abrasó la cara la gente bailaba *La morena de mi copla.* Es de lo único que me acuerdo.

Bebió otro vaso y tanteó en el acordeón *La morena de mi copla.* Luego lo tocó ya formalmente. Volvió a llenar los vasos el tabernero y se acodó en el mostrador. La humedad y el frío del cinc no parecían transmitirse a sus antebrazos desnudos. Yo le miraba a él y miraba a Nicolás y miraba al resto del recinto despoblado y entreveía en todo ello un íntimo e inexplicable latido familiar. A Nicolás le brillaba el ojo solitario con unos fulgores extraños. El tabernero dulcificó su dura mirada y después de beber dijo:

hacer ni fu ni fa   not to matter in the least

maltratar   to mistreat

enterrar   to bury

En tanto = mientras   while   **por supuesto**   naturally, of course

embriaguez   intoxication   **la sana ... Dios**   a healthy, warm, and Godly
   happiness   **enmienda**   compensation, amendment
arrancar   to get out of, wrench from   **recto impulso**   righteous impulse

desvío   deviation, going astray
avisara   *imperfect subjunctive* **avisar,** she get in touch with

¿Es dinero eso?   That's a lot of money?

eso no ... dinero   that doesn't mean that ten duros is (a great sum of) money

taladrar   to give a piercing glance
pender desmayado   to hang useless or unattended
vientre   stomach
mugre   dirt   **intersticio**   fold
fuelle   bellows (the section that expands and contracts)
apurar   to gulp, finish off   **se me hacía**   it seemed to me

hacer caso   to pay attention

perra   (adjective) doggish, miserable
escaparate   display window, show window   **administración de
   loterías**   state lottery agency

números bajos   lower numbers

—Entonces ella no me hacía ni fu ni fa. Parecía como si las cosas no pudieran ser de otra manera y a veces yo la quería y otras veces la maltrataba, pero nunca me parecía que fuera ella nada extraordinario. Y luego, al perderla, me dije: «Ella era una flor.» Pero ya la cosa no tenía remedio y a ella la enterraron y el hijo que quería no 5 vino nunca. Así son las cosas.

En tanto duró su discurso, yo me bebí un par de copas; por supuesto, con la mayor inocencia. Yo no buscaba en una noche como ésta la embriaguez, sino la sana y caliente alegría de Dios y un amplio y firme propósito de enmienda. Y la música que Nicolás 10 arrancaba del acordeón estimulaba mis rectos impulsos y me empujaba a amarle a él y a amar al tabernero y a amar a mi hijo muerto y perdonar a la Chelo su desvío. Y dije:

—Cuando el chico cayó enfermo yo la dije a la Chelo que avisara al médico y ella me dijo que un médico costaba diez duros. Y yo dije: 15 «¿Es dinero eso?» Y ella dijo: «Yo no sé si será dinero o no, pero yo no lo tengo.» Y yo dije, entonces: «Yo tampoco lo tengo, pero eso no quiere decir que diez duros sean dinero.»

Nicolás me taladraba con su ojo único enloquecido por el vino. Había dejado de tocar y el acordeón pendía desmayado de su cuello, 20 sobre el vientre, como algo frustrado o prematuramente muerto. El instrumento tenía mugre en las orejas y en las notas y en los intersticios del fuelle; pero sonaba bien y lo demás no importaba. Y cuando Nicolás apuró otra copa, le bendije interiormente porque se me hacía que bebía música y experiencia y disposición para la 25 música. Le dije:

—Toca *Silencio en la noche*, si no estás cansado.

Pero Nicolás no me hizo caso; quizá no me entendía. Su único ojo adquirió de pronto una expresión retrospectiva. Dijo Nicolás:

—¿Por qué he tenido yo en la vida una suerte tan perra? Un día 30 yo vi en el escaparate de una administración de loterías el número veintiuno y me dije: «Voy a comprarle; alguna vez ha de tocar el número vientiuno.» Pero en ese momento pasó un vecino y me dijo: «¿Qué miras en ese número, Nicolás? La lotería no cae en los números bajos.» Y yo pensé: «Tiene razón; nunca cae la lotería en 35

como de fiebre   feverishly

carraspeo   hoarseness

reintegro   refund   **cochina**   (adjective) dirty, vile

cuajar   to materialize, form, attain

frasco   bottle   **estantería**   shelf
rodilla   knee

por medio   in between   **apenas sentados**   hardly (had we been) seated
(that) . . .

a su tiempo   at the same time, also

encanto   dear (term of endearment)

Balbucí   *preterit* **balbucir** (**balbucear**), I stammered

plantarse   to balk

malito = malo   ill, sick
me echaba en cara   she threw (it) up to me   **el que**   the fact that

los números bajos.» Y no compré el número veintiuno y compré el cuarenta y siete mil doscientos treinta y cuatro.

Nicolás se detuvo y suspiró. El tabernero miraba a Nicolás con atención concentrada. Dijo:

—¿Cayó, por casualidad, el gordo en el número veintiuno?   5

A Nicolás le brillaba, como de fiebre, el ojo solitario. Se aclaró la voz con un carraspero y dijo:

—No sé; pero en el cuarenta y siete mil doscientos treinta y cuatro no me tocó ni el reintegro. Fue una cochina suerte la mía.

Hubo un silencio y los tres bebimos para olvidar la negra suerte de   10 Nicolás. Después bebimos otra copa para librarnos, en el futuro, de la suerte perra. Entre los tres iba cuajando un visible sentimiento de solidaridad. Bruscamente el tabernero nos volvió la espalda y buscó un nuevo frasco en la estantería. Entonces noté yo debilidad en las rodillas y dije: 15

—Estoy cansado; vamos a sentarnos.

Y nos sentamos Nicolás y yo en el mismo banco y el tabernero, con la mesa por medio, frente a nosotros; y apenas sentados, el tabernero dijo:

—Yo no sé qué tenía aquella chica que las demás no tienen. Era   20 rubia, de ojos azules y, a su tiempo, se movía bien. Era una flor. Ella me decía: «Pepe, tienes que vender la taberna y dedicarte a un oficio más bonito.» Y yo la decía: «Sí encanto.» Y ella me decía: «Es posible que entonces tengamos un hijo.» Y yo la decía: «Si, encanto.» Y ella decía: «Si tenemos un hijo, quiero que tenga los   25 ojos azules como yo.» Y yo la decía: «Sí, encanto.» Y ella decía...

Balbucí yo:

—Mi chico también tenía los ojos azules y yo quería que fuese boxeador. Pero la Chelo se plantó y me dijo que si el chico era boxeador ella se iba. Y yo la dije: «Para entonces ya serás vieja;   30 nadie te querrá.» Y ella se echó a llorar. También lloraba cuando el chico se puso malito y yo, aunque no lloraba, sentía un gran dolor aquí. Y la Chelo me echaba en cara el que yo no llorase, pero yo creo que el no llorar deja el sentimiento dentro y eso es peor. Y cuando llamamos al médico, la Chelo volvió a llorar porque no tenía-   35

fruncir el morro   to frown

enfadarse   to get mad, annoyed
¿Quién ha de pagarlo?   Who do you think will pay it?
    trajeron   *preterit* **traer**   **echar la partida**   to play cards
velar   to watch over

hacer un alto   to stop, pause
misa del Gallo   midnight mass on Christmas Eve   **tañer**   to play an
instrument; **tañido**   sound
Hay nieve cerca.   It's about to snow.
cuarterón   the upper shutter of a window

encierro   enclosure (i.e., the tavern)   **el blando ... copos**   the soft
    falling snowflakes   **tejado**   roof   **destemplado**   disconcerted, ruffled

ladear   to tilt, incline to one side   **abrió ... abanico**   opened the ridges
of the accordion in the shape of a fan

emperrado   obstinate, stubborn

está por pasar   is about to happen, is in the future

los dos ... nada más   both (of them) had to meet at the corner at that precise
moment, and that's that

de una vez   right now, finally

mos los diez duros y yo la pregunté: «¿Es dinero eso?» El chico no
tenía los ojos azules por entonces, sino pálidos y del color del agua.
El médico, al verlo, frunció el morro y dijo: «Hay que operar en
seguida.» Y yo dije: «Opere.» La Chelo me llevó a un rincón y me
dijo: «¿Quién va a pagar todo esto? ¿Estás loco?» Yo me enfadé. 5
«¿Quién ha de pagarlo? Yo mismo», dije. Y trajeron una ambulan-
cia y aquella noche yo no me fui a echar la partida, sino que me
quedé junto a mi hijo, velándole. Y la Chelo lloraba silenciosamente
en un rincón, sin dejarlo un momento.

Hice un alto y bebí un vaso. Fuera sonaban las campanas anun- 10
ciando la misa del Gallo. Tenían un tañido lejano y opaco aquella
noche y Nicolás se incorporó y dijo:

—Hay nieve cerca.

Se aproximó a la ventana, abrió el cuarterón, lo volvió a cerrar y
me enfocó su ojo triunfante. 15

—Está nevando ya —dijo—. No me he equivocado.

Y permanecimos callados un rato, como si quisiésemos escuchar
desde nuestro encierro el blando posarse de los copos sobre las calles
y los tejados. Nicolás volvió a sentarse y el tabernero dijo destemplado: 20

—¡Haz música!

Nicolás ladeó la cabeza y abrió el fuelle del acordeón en abanico.
Comenzó a tocar *Adiós, muchachos, compañeros de mi vida*. El
tabernero dijo:

—Si ella no se hubiera emperrado en pasar aquel día con su 25
madre, aún estaría aquí, a mi lado. Pero así son las cosas. Nadie
sabe lo que está por pasar. También si no hubiera tabernas el chófer
estaría sereno y no hubiera ocurrido lo que ocurrió. Pero el chófer
tenía que estar borracho y ella tenía que ver a su madre y los dos
tenían que coincidir en la esquina precisamente, y nada más. Hay 30
cosas que están escritas y nadie puede alterarlas.

Nicolás interrumpió la pieza. El tabernero le miró airado y dijo:

—¿Quieres tocar de una vez?

—Un momento —dijo Nicolás—. El que yo no comprara el
décimo de lotería con el número veintiuno aquella tarde fue solo 35

sartén   large skillet or vat for frying

lo que ella . . . acordeón   what she said is, just as I got burned, she could have caught pneumonia from the air of the accordion

pamplina   trifle   **embrollar**   to muddle, mess up

pescado   picked up

que yo sepa   as far as I know

freír   to fry   **churro**   a type of fritter or cruller   **¡Caracoles, usted a mí!**   What the devil, you're telling me!

desahogo   the unburdening of one's troubles

acuciante   pressing

arrobado   enraptured, transported

alcanzar   to reach, come up to

agarrar   to seize

perjudicar   to hurt, damage   **concurso**   contest

jurado   judge (of the dance concert)

a que la besara   for me to kiss her

arrugar   to wrinkle

para esos asuntos   for those matters (i.e., giving birth)

culpa mía y no puede hablarse de mala suerte. Esa es la verdad. Y si
la churrera me quemó es porque yo me puse debajo de la sartén.
Bueno. Pero ella estaba encima y lo que ella decía es que lo mismo
que me quemó pudo ella coger una pulmonía con el aire del
acordeón. Bueno. Todo eso son pamplinas y ganas de embrollar las 5
cosas. Yo la dije: «Nadie ha pescado una plumonía con el aire de un
acordeón, que yo sepa.» Y ella me dijo: «Nadie abrasó a otro con el
aceite de freír los churros.» Yo me enfadé y dije: «¡Caracoles, usted
a mí!» Y la churrera dijo: «También pude yo pescar una pulmonía
con el aire del acordeón.» 10
A Nicolás le brillaba el ojo como si fuese a llorar. Al tabernero
parecía fastidiarle el desahogo de Nicolás.
—Toca; hoy es Nochebuena —dijo.
Nicolás sujetó entre sus dedos el instrumento. Preguntó:
—¿Qué toco? 15
El tabernero entornó los ojos, poseído de una acuciante y turbadora
nostalgia.
—Toca de nuevo *La última noche que pasé contigo*, si no te
importa.
Escuchó en silencio los primeros compases, como arrobado. Luego 20
dijo:
—Cuando bailábamos, ella me cogía a mí por la cintura en vez de
ponerme la mano en el hombro. Creo que no alcanzaba a mi hombro
porque ella era pequeñita y por eso me agarraba por la cintura. Pero
eso no nos perjudicaba y ella y yo ganamos un concurso de tangos. 25
Ella bailaba con mucho sentimiento el tango. Un jurado la dijo:
«Chica, hablas con los pies.» Y ella vino a mí a que la besara en los
labios porque habíamos ganado el concurso de tangos y porque para
ella el bailar bien el tango era lo primero y más importante en la
vida después de tener un hijo. 30
Nicolás pareció despertar de un sueño.
—¿Es que no tienes hijos? —preguntó.
El tabernero arrugó la frente.
—He dicho que no. Iba a tener uno cuando ella murió. Para esos
asuntos iba a casa de su madre. Yo aún no lo sabía. 35

Tenía tan presente   I was thinking so hard about
se me hacía   it seemed to me   **rodeado**   turned
advertir   to notice   **ronquera**   huskiness, hoarseness

Yo no sé ... condenada   I don't know what the poor woman would fear
   puesto que   since   **no he sabido ... entonces**   I haven't heard from her
   since
estancia   room, place

remontarse   to rise   **añorar**   to recall with sadness or nostalgia

incrustados   resting on

borde   edge   **tirantez**   strain produced by weight
de refilón   askance   **salpullido**   rash
pescuezo   neck

mandato imperativo   command

Mi cochina suerte ... eso.   My cursed luck turned out that badly.
   zarrapastrosa   slovenly hag   **no sacar ni cinco**   not to get a cent (from
   it)   **tener cuartos**   to have means
por la tremenda   to the courts   ¡**santas pascuas!**   that's that!

entonarse   to put on airs, get up one's courage

factura   bill
dejar plantado   to walk out on   **guarra**   pig, sow

dejar colgado   to be left (with)

Yo bebí otro vaso antes de hablar. Tenía tan presente a mi hijo muerto que se me hacía que el mundo no había rodado desde entonces. Apenas advertí la ronquera de mi voz cuando dije:

—Mi hijo murió aquella noche y la Chelo se marchó de mi lado sin despedirse. Yo no sé qué temería la condenada, puesto que el ⁵ chico ya no podría ser boxeador. Pero se fue y no he sabido de ella desde entonces.

El acordeón de Nicolás llenaba la estancia de acentos modulados como caricias. Tal vez por ello el tabernero, Nicolás y un servidor nos remontábamos en el aire, con sus notas, añorando las caricias ¹⁰ que perdimos. Sí, quizá fuera por ello, por el acordeón; tal vez por la fuerza evocadora de una noche como ésta. El tabernero tenía ahora los codos incrustados en las rodillas y la mirada perdida bajo la mesa de enfrente.

Nicolás dejó de tocar. Dijo: ¹⁵

—Tengo la boca seca.

Y bebió dos nuevos vasos de vino. Luego apoyó el acordeón en el borde de la mesa para que su cuello descansara de la tirantez del instrumento. Le miré de refilón y vi que tenía un salpullido en la parte posterior del pescuezo. Pregunté: ²⁰

—¿No duele eso?

Pero Nicolás no me hizo caso. Nicolás sólo obedecía los mandatos imperativos. Ni me miró esta vez, siquiera. Dijo:

—Mi cochina suerte llegó hasta eso. Una zarrapastrosa me abrasó la cara y no saqué ni cinco por ello. Los vecinos me dijeron que tenía ²⁵ derecho a una indemnización, pero yo no tenía cuartos para llevar el asunto por la tremenda. Me quedé sin media cara y ¡santas pascuas!

Yo volví a acordarme de mi hijo muerto y de la Chelo y pedí a Nicolás que interpretase *Al corro, claró*. Después bebí un trago para entonarme y dije: ³⁰

—En el reposo de estos meses he reflexionado y ya sé por qué la Chelo se fue de mi lado. Ella tenía miedo de la factura del médico y me dejó plantado como una guarra. La Chelo no me quería a mí. Me aguantó por el chico; si no se hubiera marchado antes. Y por eso me dejó colgado con la cuenta del médico y el dolor de mi hijo muerto. ³⁵

tapar un agujero   to close one opening

atrapar   to catch   **en vez de**   instead of

sentía ... hablando   I felt unusual relief in (just) talking

agregar   to add

turbios   troubled   **los de un buey**   those of an ox

¿Es que hay más?   You mean there is more?

muela   molar

anginas   tonsils   **quedar por quitar**   to be left to remove, for removing

El trescientos trece tome salicilato.   Number 313, take aspirin.

El trescientos ... anteayer.   I was number 313 day before yesterday.

pandereta   tambourine

hay que alegrarse   people are expected to be happy

derrumbado de bruces   fallen on (his) face

salpicada de fallos   interspersed with momentary stops (lit., failures)

silbido   wheeze; whistle

Luego, todo lo demás. Para tapar un agujero tuve que abrir otro agujero y me atraparon. Ésa fue mi equivocación: robar en vez de trabajar. Por eso no volveré a hacerlo ...

Me apretaba el dolor en el hombro izquierdo y sentía un raro desahogo hablando. Por ello, bebí un vaso y agregué:⁚⁚⁚⁚⁚⁚⁚⁚⁚⁚⁚⁚⁚⁚⁚ 5

—Además ...

El tabernero me dirigió sus ojos turbios y cansados, como los de un buey.

—¿Es que hay más? —dijo.

—Hay —dije yo—. En la cárcel me hizo sufrir mucho el reuma y 10 para curarlo me quitaron los dientes y me quitaron las muelas y me quitaron las anginas; pero el reuma seguía. Y cuando ya no quedaba nada por quitarme me dijeron: «El trescientos trece tome salicilato.»

—¡Ah! —dijo Nicolás.

Yo agregué.⁚⁚ 15

—El trescientos trece era yo anteayer.

Y después nos quedamos todos callados. De la calle ascendía un alegre repiqueteo de panderetas y yo pensé en mi hijo muerto, pero no dije nada. Luego vibraron al unísono las campanas de muchas torres y yo pensé: «¡Caramba, es Nochebuena; hay que alegrarse!» 20
Y bebí un vaso.

Nicolás se había derrumbado de bruces sobre la mesa y se quedó dormido. Su respiración era irregular, salpicada de fallos y silbidos; peor que la del acordeón.

Synthetic Exercises

NOTE: *The principal narrator's, Nicolas', and the tavern keeper's reflections on the past are treated as cohesive units in the following exercises.*

A.

The principal narrator will be referred to as "el narrador."

        pres.   *past part.*
1. Narrador / estar / recién / salir / — / cárcel / — / frío / noche / Navidad.

        pres.   *pres.*   *pres.*
2. Él / no / saber / qué / poder / hacer / porque / tener / sólo / dos / duro / — / bolsillo.

                   pres.
3. Para / narrador / – peor / no / ser / — / estar / solo / ni / — / terminar / — / salir / — / cárcel.

              pres.
4. Para / él / – peor / ser / — / encontrarse / — / treinta /   *past part.*   *past part.*
año / — / hombro / moler / — / reuma / hígado / trastornar, / boca / — / dientes.

        pret.   *imp.*   *pret.*
5. Narrador / ir / – donde / haber / música, / encontrarse /   *past part.*
— / hombre / — / cara / envolver / — / bufanda.

        imp.   *past part. pres. part.*
6. Músico / vestirse / traje / raer / caérsele / — / pedazos.

        imp. past part.
7. (Él) estar / sentar / — / acera / ante / café / brillante– / *past part.*
iluminar.

        imp.   *past part.*
8. (Él) tener / boina / negro / cargar / — / monedas / — /   *imp.*
poco / valor, / tocar / acordeón.

        imp.   *imp. subj.*
9. Narrador / emocionarse / – que / menesteroso / tocar / — / otro / menesteroso.

        pret.   *pret.*
10. Narrador / preguntar / le / nombre, / músico / decir. / *imperative*
"Llamar / me / Nicolás".

B.

11. Nicolás / recoger / gorra, / guardar / monedas / — / bolsillo. (*pret.*)

     imp.   *imp.*
12. Narrador / sentir // necesitarse / uno / — / otro / — / noche / como / éste.

   pret.   *pres.*   *pres. subj. pres. part.*
13. Nicolás / decir / le: "¿Parecer / te // (nosotros) ir / andar?"

      pret.   *imp.*
14. Narrador / preguntar / le / Nicolás / si / estar / solo, /
       pret.   *pres.*
  Nicolás / responder: / "Ahora / (yo) estar / — / (tú)".

   pret.   *imp. subj.*   *pres.*
15. Narrador / pedir / le // tocar / *Esta* / *noche* / *ser* / *Nochebuena.*

         imp.
16. Nicolás / interrumpirse / — / cada / pieza, / narrador /
 imp.   *imp. subj.*
  haber / — / rogar / le // tocar / otro.

  pres. part.   *pret.*
17. Así / andar / dos / salir / — / barrios / céntrico, / (ellos)
 imp.
  hallarse / — / pleno / foco / — / artesanos, / menestrales.
 imp.   *pret.*
18. Hacer / tanto / frío // narrador, / él / entrar / — /
     past part.
  taberna / destartalar.

19. Taberna / estar / sin / público / con / largo/ mesa / — / pino, / bancos. (*imp.*)

20. Bancos / ser / tan / largo / como / mesa / pino. (*imp.*)

 imp.   *pret.*
21. Hacer / bueno / allí, / Nicolás / recogerse / bufanda.

C.

            pret.   *imp.*
22. A / recogerse / bufanda / narrador / ver // Nicolás / tener / medio / cara / — / forma.

     imp.   *imp.*
23. Nicolás / tener / pavoroso / cicatriz; / tampoco / tener / ojo / derecho.

     pret.   *pret.*   *pret.*
24. Nicolás / le / ver / mirar / le, / decir / le: / "Quemar / me."

pret.   *imp.*
25. Salir / tabernero // ser / hombre / enorme / con / camisa /
past part.
recoger.

            imp.   *pres.*
26. Tabernero / ser / uno / — / ese / tipos // no / tener /
frío / (siempre).

        pret.   *imp.*
27. Tabernero / decir // ir / — / cerrar / taberna.

imperative   *fut.*   *pret.*
28. "Cerrar. / (Nosotros) estar / mejor / solo" / responder /
narrador.

       pret.   *pret.*   *imp.*
29. Tabernero / mirar / le / luego / mirar / Nicolás, / vacilar.

       pret.   *fut.*
30. Narrador / decir / entonces: / "Mi / amigo / hacer /
                 fut.
música, / (nosotros) beber".

31. Hombrón / trancar / puerta / alinear / tres / vaso, / llenar /
los / — / vino. (*pret.*)

                                        pret.
32. Música / vino, / amor / — / compañeros / empujar / — /
narrador / — / recordar / — / Chelo / mujer, / — / hijo /
past part.
morir.

D.

        pret.   *pret.*
33. Hijo / caer / enfermo / pero / Chelo / no / querer / avisar /
                    imp. subj.
— / médico / sin // (ellos) tener / dinero.

             pret.   *inf.*
34. Narrador / insistir / — // pagar / — / médico / diez /
cond.
duro / no / ser / tanto.

       pret.   *pret.*
35. Chelo / llorar, / volver / — / llorar / cuando / (ellos)
pret.   *imp.*
llamar / médico / porque / no / tener / dinero.

           inf.   *pret.*
36. Médico / a / ver / — / muchacho / fruncir / morro.

       pret.   *pres.*   *pret.*
37. Médico / decir: / "Haber // operar", / narrador / con-
pres. subj.
testar: / "Operar (usted)."

38. Hijo / *pret.* morir / aquel / noche, / Chelo / *pret.* marcharse / sin / *inf.* despedirse.

39. Ella / *imp.* tener / miedo / — / factura / — / médico, / *pret.* dejar / *past part.* le / plantar / — / narrador.

40. Chelo / no / querer / le; / aguantar / le / — / chico. (*imp.*) *pret.* *past part.*

41. Ella / dejar / le / colgar / con / cuenta / médico, / narra-*pret.* dor / ponerse / — / robar / – vez – / trabajar.

42. En / cárcel / para / curar / *inf.* le / reuma / *pret.* (ellos) quitar / le / *imp.* dientes / muelas, / anginas / pero / reuma / seguir.

43. Cuando / ya / no quedar / *imp.* (algo) / que / *inf.* quitar / le / *pret.* *pres. subj.* decir (ellos) / le: / "Tres / ciento / trece / tomar / aspirina".

E.

44. Nicolás / *pret.* decir // gente / *imp.* bailar / cuando / churrera / *pret.* abrasar / le / cara.

45. Nicolás / *pret.* preguntar / por qué / *pluperf.* haber tener / suerte / tan / *adjective* perro.

46. Día / (él) *pret.* ver / en / escaparate / — / administración / loterías / número / veinte / uno.

47. En / ese / momento / vecino / decir / le // lotería / nunca / tocar / — / números / bajo. (*pret.*)

48. Nicolás / no / comprar / lo / sino / el / cuarenta / siete / mil / dos / ciento / treinta / cuatro. (*pret.*)

49. Este / número / no / tocar / le / ni / reintegro. (*pret.*)

50. Después / Nicolás / *pret.* confesar // – que / no / *imp. subj.* (él) comprar / — / veintiuno / *pret.* ser / sólo / culpa / suyo /

                pret.   *pret.*   *pret.*
51. También / (él) añadir // si / churrera / quemar / le / ser /
    pret.
porque / (él) ponerse / debajo / — / sartén.

F.

                      subject
52. Ensombrecérsele / — / tabernero / mirada / a / decir //
mujer / morir. (*pret.*)
  imp.   *pret.*   *pret.*
53. Ir / para / tres / años // ella / morir, / írsele / — / él /
sin / tener / hijo.
                                imp.
54. Para / ella / después / — / tener / hijo / – primero / ser /
bailar / bien.
                pret.   *imp.*
55. Pepe el tabernero / afirmar // a / veces / maltratar / la /
    imp.
pero // ser / flor.
56. Según / Pepe / (ella) ser / rubio / de / ojos / azul, /
moverse / bien. (*imp.*)
  imp.   *imp. subj.*   *imp. subj.*
57. Ella / querer // Pepe / vender / taberna, // dedicarse / — /
otro / oficio.
             pret.
58. Día / emperrarse / — / pasar / día / — / madre / porque /
imp.
ir / — / tener / hijo.
                           pret.
59. Chófer / borracho, / ella / coincidir / — / mismo /
               pret. past part.
esquina, / ella / ser / matar.
                pret. *past part.*   *pret.*
60. Después / (ellos) quedarse / callar, / narrador / pensar /
         past part.   *pret.*
— / hijo / morir / pero / no / decir / (algo).
      pret.
61. Luego / vibrar / — / unísono / campanas, / narrador /
pret.   *pres.*   *pres.*   *pret.*
pensar: / "Ser / Nochebuena; / haber // alegrarse, / beber /
otro / vaso".
              pluperf.
62. Nicolás / haberse derrumbar / — / bruces / — / mesa,
pret.   *past part.*
quedarse / dormir.

Express in Spanish

A.

1. The narrator is recently released from prison on a cold Christmas night.
2. He doesn't know what he can do because he only has two *duros* in his pocket.
3. For the narrator the worst (part) is not *being* alone, nor *just having left* prison.
4. For him the worst (part) is finding oneself at thirty with a shoulder pulverized by rheumatism, a liver condition, and a mouth without teeth.
5. He went where there was music and found a man with *his* face wrapped in a scarf.
6. The musician was wearing a tattered suit (which was) falling into shreds on him.
7. He was *sitting* on the sidewalk before a brilliantly lit café.
8. He had a black beret full of coins of small denomination and was playing the accordion.
9. The narrator was moved *by the fact that* a needy man was playing for another needy man.
10. The narrator asked him his name and the musician said, "Call me Nicholas."

B.

11. Nicholas picked up *his* hat and *put* the money in his pocket.
12. The narrator felt that they needed each other on a night like this.
13. Nicholas said to him, *"Would you mind if we move on?"*
14. The narrator asked Nicholas if he was alone and Nicholas replied, "Now I am with you."
15. The narrator asked *him to play* "Tonight is Christmas Eve."
16. Nicholas stopped after each piece and the narrator was (expected) to ask him to play another.
17. Walking along like this the two left the center of town and found themselves in the midst of (the section of) artisans and mechanics.
18. It was so cold that Nicholas and the narrator entered a poorly furnished tavern.
19. The tavern was empty of people and (had a) long pine table and benches.

20. The benches were as long as the pine table.
21. It was nice there and Nicholas took off his scarf.

C.

22. The narrator then saw that Nicholas had half *his* face deformed.
23. Nicholas had a frightful scar; *also,* his right eye *was missing.*
24. Nicholas saw him *looking* at him and he said, "I got burned."
25. Out came the tavern keeper who was an enormous fellow with his shirt (sleeves) rolled up.
26. The tavern keeper was one of those types who never feel the cold.
27. The tavern keeper said that he was going to close the tavern.
28. "Close up. We'll be better alone," replied the narrator.
29. The tavern keeper looked at him, then looked at Nicholas, and hesitated.
30. The narrator said then, "My friend will *play* music and we'll drink."
31. The big man locked the door, lined up three glasses, and filled them with wine.
32. The music, the wine, and the love for his comrades impelled the narrator to remember Chelo—his wife—and his dead son.

D.

33. The son fell ill, but Chelo didn't want to notify the doctor without *their having* money.
34. The narrator insisted that to pay the doctor ten *duros* wouldn't be so much.
35. Chelo wept and *wept* when they called the doctor because they didn't have the money.
36. The doctor frowned on seeing the child.
37. The doctor said, *"We'll have to* operate right away," and the narrator replied, "Operate."
38. The son died that night, and Chelo left without saying good-bye.
39. She was afraid of the doctor's bill, and she *left him abruptly.*
40. Chelo did not love him; she put up with him for the child's (sake).
41. She *left him with* the doctor's bill, and the narrator began stealing instead of *working.*
42. In prison, *to* cure his rheumatism, they removed *his* teeth, molars, and tonsils, but the rheumatism continued.

43. When finally there was nothing left to remove, they said to him, "You, 313, take aspirin."

E.

44. Nicholas said that the people danced when the baker woman burned *his* face.
45. Nicholas asked why he had such doggish luck.
46. One day he saw in the window of the lottery agency the number twenty-one.
47. *At* that moment a neighbor told him that the lottery (was) never won in the low numbers.
48. Nicholas did not buy it, instead (he bought) the (number) 47,234.
49. This number didn't *win* for him, *not even* (in) the runoff.
50. Later, Nicholas confessed that the *fact* that he didn't buy (number) twenty-one was only his fault.
51. Also he added that if the baker woman burned him it was because he placed himself beneath the frying vessel.

F.

52. The tavern keeper's gaze clouded up on saying that his wife died.
53. It was going *on* three years that she died and *left* him without a son.
54. For her, besides having a son, the first (thing of importance) was dancing well.
55. Pepe, the tavern keeper, admitted that at times he used to mistreat her but that she was a *beauty*.
56. According to Pepe, she was blond, *had* blue eyes, and moved about nicely.
57. She wanted *Pepe to sell* the tavern and *dedicate himself* to another job.
58. One day she insisted on spending the day with her mother because she was going to have a child.
59. A drunken driver and she happened to meet on the same corner and she was killed.
60. Later they were (all) silent, and the narrator thought about his dead son but he didn't say anything.
61. Then the bells rang in unison and the narrator thought, "It is Christmas Eve; *people are supposed* to be happy," and he drank another glass (of wine).
62. Nicholas had fallen face down on the table and was asleep.

Questions

A.

1. ¿Qué es el narrador, y cuándo ocurre la historia?
2. ¿Qué es lo que no sabe él?
3. Para el narrador, ¿qué no es lo peor de su caso?
4. Y ¿qué es lo peor para él?
5. ¿Adónde fue, y con quién se encontró?
6. ¿Cómo se vestía el músico?
7. ¿Dónde estaba sentado él?
8. ¿Que tenía él, y qué hacía?
9. ¿Por qué se emocionó el narrador?
10. ¿Qué le preguntó el narrador, y qué respondió el músico?

B.

11. ¿Qué recogió Nicolás, y qué hacía con las monedas?
12. ¿Qué sentía el narrador en una noche así?
13. ¿Qué quiso Nicolás que los dos hiciesen?
14. ¿Qué le preguntó el narrador, y cómo respondió Nicolás?
15. ¿Qué le pidió el narrador?
16. ¿Qué hacía Nicolás a cada pieza, y qué había de rogarle el narrador?
17. Andando, ¿de dónde salieron, y en dónde se hallaron?
18. ¿Que tiempo hacía, y en dónde entraron?
19. ¿Cómo estaba la taberna, y qué tenía?
20. ¿Cómo eran los bancos?
21. ¿Qué hacía allí, y qué hizo Nicolás?

C.

22. Cuando Nicolas recogió la bufanda ¿qué vio el narrador?
23. ¿Qué tenía Nicolás, y qué le faltaba?
24. ¿Que vio Nicolás, y qué dijo?
25. ¿Quién entró, y cómo era él?
26. ¿Qué tipo de hombre era el tabernero?
27. ¿Qué dijo que iba a hacer?
28. ¿Cómo le respondió el narrador?
29. ¿A quiénes miró el tabernero, y cómo reaccionó?
30. ¿Qué dijo entonces el narrador?
31. ¿Qué hizo el hombrón?
32. ¿Qué le empujaban al narrador a recorder a su mujer e hijo?

D.

33. ¿Qué le pasó al hijo del narrador, y qué no quiso hacer la Chelo?
34. ¿En qué insistió el narrador?
35. ¿Cómo reaccionó la Chelo cuando llamaron al médico?
36. El médico, al ver al muchacho, ¿qué hizo?
37. ¿Qué dijo el médico y qué contestó el narrador?
38. ¿Qué pasó al hijo aquella noche, y qué hizo la Chelo?
39. ¿De qué tenía miedo la Chelo, y qué hizo?
40. ¿Le quería la Chelo al narrador; por qué le aguantaba?
41. ¿Con qué le dejó colgado la Chelo, y qué se puso a hacer el narrador?
42. En la cárcel, ¿qué hacían para curarle la reuma?
43. Al fin, ¿qué le dijeron?

E.

44. Según Nicolás, ¿qué hacía la gente cuando la churrera le abrasó le cara?
45. ¿Qué preguntó Nicolás acerca de la suerte?
46. ¿Qué vio en el escaparate de la administración de loterías?
47. En ese momento, ¿qué le dijo un vecino de los números bajos?
48. ¿Lo compró?
49. ¿Ganó este número?
50. ¿Qué confesó Nicolás después?
51. ¿Qué más añadió él?

F.

52. ¿Por qué se le ensombreció la mirada al tabernero?
53. ¿Para cuánto tiempo iba que murió su mujer, y cómo se le fue ella?
54. Para ella ¿qué era lo primero?
55. ¿Qué afirmó Pepe el tabernero?
56. Según Pepe, ¿cómo era su mujer?
57. ¿Qué quería ella que Pepe hiciera?
58. Un día ¿en qué se emperró ella, y por qué?
59. ¿Qué le pasó a ella en una esquina?
60. Después, ¿cómo se quedaron ellos, y en qué pensó el narrador?
61. ¿Qué hicieron las campanas, y qué pensó e hizo el narrador?
62. ¿Cómo se había puesto Nicolás, y cómo se quedó él?

Conversational Cues

A.

Narrador / recién salido
noche / Navidad.
No saber qué / dos duros.
Lo peor / no estar solo /
salir / cárcel.
Lo peor / treinta / molido /
trastornado / dientes.
Ir / música / hombre /
cara envuelta.
Músico / traje / raído /
caérsele.
Sentado / acera / café /
iluminado.
Boina / monedas /
acordeón.
Narrador / emocionarse /
menesteroso / tocar.
Narrador / preguntar /
Llámate.

B.

Nicolás / gorra / monedas.
Narrador / sentir /
necesitarse / noche.
Nicolás / "Te parece? ..."
Narrador / preguntar /
solo / Nicolás /
"... contigo."
Narrador / pedir /
tocar / Nochebuena.
Nicolás / interrumpirse /
narrador / haber de rogar.
Andando / salir / barrios /
foco / artesanos y
menestrales.
Frío / taberna destartalada.
Sin público / mesa / bancos.
Bancos / largos / mesa.
Hacer bueno / Nicolás /
bufanda.

C.

Al recogerse / narrador /
ver / Nicolás / cara / forma.
Pavorosa cicatriz / tampoco.
Nicolás / verle / "quemarse."
Salir tabernero / enorme /
camisa.
Tabernero / tipo / tener frío.
Tabernero / ir a cerrar.
"Cerrar / (nosotros)
estar ..." / narrador.
Tabernero / mirar / vacilar.
Narrador / "... amigo /
música / beber ..."
Hombrón / trancar /
alinear / llenar.
Música / vino / amor /
empujar / Chelo / hijo.

D.

Hijo / caer enfermo /
Chelo / avisar / médico.
Narrador / insistir / diez
duros.
Chelo / llorar / volver a
llorar / dinero.
Médico / al ver / fruncir
morro.
Médico / "haber que
operar" / narrador /
"Operar."
Chelo / no querer /
aguantar / hijo.
Ella / dejar colgado /
cuenta / narrador /
ponerse a.
Cárcel / curar / quitar /
dientes / muelas / anginas /
seguir.
Cuando ya / no quedar /
"313 / aspirina."

E.

Nicolás / decir / gente /
churrera / abrasar.

Preguntar / suerte / perra.

Un día / escaparate /
administración / vientiuno.

Momento / vecino / tocar /
números bajos.

Nicolás / comprar / sino /
47,234.

Número / no tocar /
reintegro.

Después / confesar / no
comprar / culpa.

Añadir / si / churrera /
quemar / porque / ponerse
sartén.

F.

Ensombrecérsele / mirada /
mujer / morir.

Ir para / írsele / hijo.
Para ella / después / lo
primero.

Pepe / afirmar / maltratar /
flor.

Rubia / ojos / moverse.
Ella querer / vender /
dedicarse.

Un día / emperrarse /
madre / tener hijo.

Chófer / ella / coincidir /
esquina / ser matada.

Después / ellos / callados /
narrador / pensar en / no
decir.

Vibrar / unísono /
narrador / "Nochebuena /
alegrarse" / beber.

Nicolás / haberse
derrumbado / quedarse.

Discussion Topics

1. ¿En qué fecha transcurre el cuento? ¿Contribuye algo esta fecha al relato?

patetismo	patético	aumentar
alegría	alegre	disminuir
paz	pacífico	contribuir
contraste	doméstico, familiar	reunirse con
		poner en relieve
		hacer contraste
		(con)

2. ¿Hay otras referencias indirectas o irónicas a la Navidad?

En irónico que . . .
(subjunctive)

3. ¿Cuál es el ambiente que se siente por gran parte del relato? ¿Cómo consigue Delibes este efecto?

alegría	realista (*noun or*
paz	*adjective*)
fastidio	horripilante
horror	tremendo
terror	desgraciado
detalle	

4. Dé usted ejemplos de la descripción realista de esta selección.

5. Comente usted sobre el modo de relatar las tres historias y el efecto que éste produce.

unidad	extraño (*noun or*	producir
complejidad	*adjective*)	implicar
separación	lineal	dividir
sufrimiento	mezclado	combinar
mezcla		mezclar

6. ¿Qué sentimiento sobreviene al final?

resignación	forzoso	expresar
alegría	común, aceptado	resignarse a
fecha	falso	actuar
costumbre	momentáneo	reaccionar
optimismo		a causa de, por
pesimismo		hay que . . .
		se debe . . .

Jorge Luis Borges

In "La forma de la espada" Borges shows himself as thinker, historian, and mystery writer. A tale of revolution, massacre, betrayal, and mistaken identity culminates in a surprise confession.

cruzar to cross   **rencoroso** frightful   **ceniciento** ashen, grayish
ajar to disfigure, rumple   **sien** temple   **pómulo** cheekbone
Tacuarembó a city in northern Uruguay   **decían** called, named
La Colorada name of the ranch   **campo** land, real estate
recurrir to resort, revert   **imprevisible** thoughtless
Rio Grande del Sur A state in southern Brazil where the plateau ends in the
Rio de la Plata plains.   **no faltó ... dijera** there were those who said
empastado overgrown with grass   **aguada** water supply, waterway
a la par de beside, side by side with

mirador observation post or tower
azorado restless, excitable

flacura leanness   **darse con** to mingle with
abrasilerado having Brazilian qualities   **fuera de** aside from

recorrí los departamentos I traveled the districts   **crecida** flood

La forma de la espada

A. E. H. M.

Le cruzaba la cara una cicatriz rencorosa: un arco ceniciento y casi perfecto que de un lado ajaba la sien y del otro el pómulo. Su nombre verdadero no importa; todos en Tacuarembó le decían el Inglés de *La Colorada*. El dueño de esos campos, Cardoso, no quería vender; he oído que el Inglés recurrió a un imprevisible argumento. Le confió 5 la historia secreta de la cicatriz. El Inglés venía de la frontera, de Río Grande del Sur; no faltó quien dijera que en el Brasil había sido contrabandista. Los campos estaban empastados; las aguadas, amargas; el Inglés, para corregir esas deficiencias, trabajó a la par de sus peones. Dicen que era severo hasta la crueldad, pero escrupulosamente 10 justo. Dicen también que era bebedor. Un par de veces al año se encerraba en el cuarto del mirador y emergía a los dos o tres días como de una batalla o de un vértigo, pálido, trémulo, azorado y tan autoritario como antes. Recuerdo los ojos glaciales, la enérgica flacura, el bigote gris. No se daba con nadie; es verdad que su 15 español era rudimental, abrasilerado. Fuera de alguna carta comercial o de algún folleto, no recibía correspondencia.

La última vez que recorrí los departamentos del Norte, una crecida

129

arroyo stream   **hacer noche** to pass the night
creí notar I thought I noticed
congraciarse con to get into the good graces of   **acudir a** to resort to,
    take refuge in   **perspicaz** lucid, clear-sighted, logical
agregar to add
Dungarvan a seaport in southern Ireland   **dicho esto** after he had
    said this
escampado cleared up
cuchilla mountain ridge   **agrietado** cracked, split asunder
urdir to threaten, brew   **desmantelado** dilapidated
ron rum

No sé... advertí I don't know what time it might have been when I
    realized . . .   **mentar** to mention
demudarse to change color or expression

la de... infamia that of not reducing the magnitude of guilt nor any act of
    infamy (on the part of the Englishman)

Connaught a province in western Ireland

sobrevivir to survive
batirse to fight
el que más valía the most courageous
cuartel barracks
desdichado unfortunate   **dar con** to meet with

ciénaga moor, marsh
Parnell Charles Stewart Parnell (1846–91), Irish nationalist leader and
    agitator   **epopeya** epic legend   **en un atardecer** one afternoon
Munster a large province in southwest Ireland   **un tal** a certain

del arroyo Caraguatá me obligó a hacer noche en *La Colorada*. A los
pocos minutos creí notar que mi aparición era inoportuna; procuré
congraciarme con el Inglés; acudí a la menos perspicaz de las
pasiones. Al patriotismo. Dije que era invencible un país con el
espíritu de Inglaterra. Mi interlocutor asintió, pero agregó con una   5
sonrisa que él no era inglés. Era irlandés, de Dungarvan. Dicho esto
se detuvo, como si hubiera revelado un secreto.

Salimos, después de comer, a mirar el cielo. Había escampado,
pero detrás de las cuchillas el Sur, agrietado y rayado de relámpagos,
urdía otra tormenta. En el desmantelado comedor, el peón que había   10
servido la cena trajo una botella de ron. Bebimos largamente, en
silencio.

No sé qué hora sería cuando advertí que yo estaba borracho; no
sé qué inspiración o qué exultación o qué tedio me hizo mentar la
cicatriz. La cara del Inglés se demudó; durante unos segundos pensé   15
que me iba a expulsar de la casa. Al fin me dijo con su voz habitual:

—Le contaré la historia de mi herida bajo una condición: la de no
mitigar ningún oprobio, ninguna circunstancia de infamia.

Asentí. Esta es la historia que contó, alternando el inglés con el
español, y aun con el portugués.   20

"Hacia 1922, en una de las ciudades de Connaught, yo era uno de
los muchos que conspiraban por la independencia de Irlanda. De mis
compañeros, algunos sobreviven dedicados a tareas pacíficas; otros,
paradójicamente, se baten en los mares o en el desierto, bajo los
colores ingleses; otro, el que más valía, murió en el patio de un   25
cuartel, en el alba, fusilado por hombres llenos de sueño; otros (no
los más desdichados), dieron con su destino en las anónimas y casi
secretas batallas de la guerra civil. Eramos republicanos, católicos;
éramos, lo sospecho, románticos. Irlanda no sólo era para nosotros el
porvenir utópico y el intolerable presente; era una amarga y cariñosa   30
mitología, era las torres circulares y las ciénagas rojas, era el repudio
de Parnell y las enormes epopeyas que cantan el robo de toros que en
otra encarnación fueron héroes y en otras peces y montañas . . . En un
atardecer que no olvidaré, nos llegó un afiliado de Munster: un tal
John Vincent Moon.   35

escasamente   scarcely, hardly   **fofo**   soft   **a la vez**   at the same
time, as well   **Había cursado**   He had examined, studied

materialismo dialéctico   the philosophic doctrine of Karl Marx (1818–83)
and Friedrich Engels (1770–1831)   **cegar**   to close, block

disintiendo   *gerund* **disentir,** to disagree, argue
vagas   winding
inapelable   unimpeachable
apodíctico   indisputable   **dictaminar**   to pass judgment, lecture

tiroteo   volley of shots
aturdir   to stun   **orillamos el ciego paredón**   we skirted the huge,
blank wall   **internarse**   to enter
enorme en el resplandor   looking huge in the glaring light (of the fire)

eternizado   frozen, paralyzed   **derribar de un golpe**   to fell with a
single blow
la pasión ... invalidaba   the intense feeling of fear paralyzed him
agujereada   pierced, perforated
nos buscó   was aimed at us   **rozar**   to graze
prorrumpir   to burst out, break forth or down
sollozo   sob
guarecido   *past participle* **guarecerse,** to take shelter or refuge
   quinta   country estate   **desempeñar**   to perform, discharge (a duty)
Bengala   a region of northeast India and East Pakistan
desmedrado   run-down   **opaco**   dark, gloomy
vanas antecámaras   empty, inane chambers
usurpar   to take up, fill

Nishapur   town in northeast Iran

Tenía escasamente veinte años. Era flaco y fofo a la vez; daba la incómoda impresión de ser invertebrado. Había cursado con fervor y con vanidad casi todas las páginas de no sé qué manual comunista; el materialismo dialéctico le servía para cegar cualquier discusión. Las razones que puede tener un hombre para abominar de otro o para quererlo son infinitas: Moon reducía la historia universal a un sórdido conflicto económico. Afirmaba que la revolución está predestinada a triunfar. Yo le dije que a un *gentleman* sólo pueden interesarle causas perdidas . . . Ya era de noche; seguimos disintiendo en el corredor, en las escaleras, luego en las vagas calles. Los juicios emitidos por Moon me impresionaron menos que su inapelable tono apodíctico. El nuevo camarada no discutía: dictaminaba con desdén y con cierta cólera.

Cuando arribamos a las últimas casas, un brusco tiroteo nos aturdió. (Antes o después, orillamos el ciego paredón de una fábrica o de un cuartel.) Nos internamos en una calle de tierra; un soldado, enorme en el resplandor, surgió de una cabaña incendiada. A gritos nos mandó que nos detuviéramos. Yo apresuré mis pasos; mi camarada no me siguió. Me di vuelta: John Vincent Moon estaba inmóvil, fascinado y como eternizado por el terror. Entonces yo volví, derribé de un golpe al soldado, sacudí a Vincent Moon, lo insulté y le ordené que me siguiera. Tuve que tomarlo del brazo; la pasión del miedo lo invalidaba. Huímos, entre la noche agujereada de incendios. Una descarga de fusilería nos buscó; una bala rozó el hombro derecho de Moon; éste, mientras huíamos entre pinos, prorrumpió en un débil sollozo.

En aquel otoño de 1922 yo me había guarecido en la quinta del general Berkeley. Este (a quien yo jamás había visto) desempeñaba entonces no sé qué cargo administrativo en Bengala; el edificio tenía menos de un siglo, pero era desmedrado y opaco y abundaba en perplejos corredores y en vanas antecámaras. El museo y la enorme biblioteca usurpaban la planta baja: libros controversiales e incompatibles que de algún modo son la historia del siglo XIX; cimitarras de Nishapur, en cuyos detenidos arcos de círculo parecían perdurar

reseca la boca   dry of mouth
le hice una curación   I administered first aid to him
pude comprobar   I succeeded in verifying
balbucear   to stammer
Pero usted . . . sensiblemente.   But you took quite a risk.

comprometer   to endanger, compromise

hondas descargas   widespread firing
conmover   to disturb, stir up

pieza   room   **tendido**   spread out
invocar   to invoke, invent

irreparable   incorrigible
torpemente   awkwardly   **cuidarse**   to take care of oneself
   abochornar   to embarrass, shame
por eso . . . género humano   an allusion to the original sin of Adam and Eve
   in the Garden of Eden

Schopenhauer   Arthur Schopenhauer (1788–1860) German philosopher

luces   splendors, glories
afrentar   to shame, embarrass
penúltimo   next-to-last   **irrumpir en**   to raid, break into

ametrallados   machine-gunned   **Elphin**   an Irish village in County
   Roscommon   **escurrir**   to sneak away

el viento y la violencia de la batalla. Entramos (creo recordar) por los fondos. Moon, trémula y reseca la boca, murmuró que los episodios de la noche eran interesantes; le hice una curación, le traje una taza de té; pude comprobar que su "herida" era superficial. De pronto balbuceó con perplejidad:

—Pero usted se ha arriesgado sensiblemente.

Le dije que no se preocupara. (El hábito de la guerra civil me había impelido a obrar como obré; además, la prisión de un solo afiliado podía comprometer nuestra causa.)

Al otro día Moon había recuperado el aplomo. Aceptó un ciga- 10 rrillo y me sometió a un severo interrogatorio sobre los "recursos económicos de nuestro partido revolucionario". Sus preguntas eran muy lúcidas; le dije (con verdad) que la situación era grave. Hondas descargas de fusilería conmovieron el Sur. Le dije a Moon que nos esperaban los compañeros. Mi sobretodo y mi revólver estaban en mi 15 pieza; cuando volví, encontré a Moon tendido en el sofá, con los ojos cerrados. Conjeturó que tenía fiebre; invocó un doloroso espasmo en el hombro.

Entonces comprendí que su cobardía era irreparable. Le rogué torpemente que se cuidara y me despedí. Me abochornaba ese hombre 20 con miedo, como si yo fuera el cobarde, no Vincent Moon. Lo que hace un hombre es como si lo hicieran todos los hombres. Por eso no es injusto que una desobediencia en un jardín contamine al género humano; por eso no es injusto que la crucifixión de un solo judío baste para salvarlo. Acaso Schopenhauer tiene razón: yo soy los 25 otros, cualquier hombre es todos los hombres, Shakespeare es de algún modo el miserable John Vincent Moon.

Nueve días pasamos en la enorme casa del general. De las agonías y luces de la guerra no diré nada: mi propósito es referir la historia de esta cicatriz que me afrenta. Esos nueve días, en mi recuerdo, 30 forman un solo día, salvo el penúltimo, cuando los nuestros irrumpieron en un cuartel y pudimos vengar exactamente a los dieciséis camaradas que fueron ametrallados en Elphin. Yo me escurría de la casa hacia el alba, en la confusión del crepúsculo. Al anochecer estaba

rememorar   to recall

F. N. Maude   Frederic N. Maud (1854–1933), an English writer on military strategy   **Clausewitz**   Karl von Clausewitz (1780–1831), a Prussian general and writer on military strategy   **inquirir**   to ask, inquire about

C'est une affaire flambée *Fr.*   It's a lost cause

magnificaba ... mental   he exaggerated his mental superiority

Black and Tans   name given to the Englishmen recruited to substitute for the Irish police who resigned during the early stages of the Anglo-Irish War (1918–21); a reference to the colors of their temporary uniforms   **patrullar**   to patrol   **vi tirado un cadáver**   I saw a body lying there   **maniquí**   figure, dummy

el amanecer ... cielo   the dawn was breaking (lit., was in the sky)

atravesar   to cross

razonable, –mente   (irony) reasonable, reasonably (with cold logic, coolly)   **exigir**   to exact, demand

de pesadilla   nightmarish

harto mejor   much better

acorralar   to corner

panoplias   collection of arms   **arranqué**   *preterit* **arrancar,** to grab, seize   **alfanje**   cutlass   **media luna de acero**   steel blade in the shape of a half-moon, cutlass   **rubricar**   to imprint

menosprecio   contempt, scorn

de vuelta. Mi compañero me esperaba en el primer piso: la herida
no le permitía descender a la planta baja. Lo rememoro con algún
libro de estrategia en la mano: F. N. Maude o Clausewitz. "El arma
que prefiero es la artillería", me confesó una noche. Inquiría nuestros
planes; le gustaba censurarlos o reformarlos. También solía denunciar   5
"nuestra deplorable base económica"; profetizaba, dogmático y som-
brío, el ruinoso fin. *C'est une affaire flambée,* murmuraba. Para
mostrar que le era indiferente ser un cobarde físico, magnificaba su
soberbia mental. Así pasaron, bien o mal, nueva días.

El décimo la ciudad cayó definitivamente en poder de los *Black*   10
and Tans. Altos jinetes silenciosos patrullaban las rutas; había
cenizas y humo en el viento; en una esquina vi tirado un cadáver,
menos tenaz en mi recuerdo que un maniquí en el cual los soldados
interminablemente ejercitaban la puntería, en mitad de la plaza . . .
Yo había salido cuando el amanecer estaba en el cielo; antes del   15
mediodía volví. Moon, en la biblioteca, hablaba con alguien; el tono
de la voz me hizo comprender que hablaba por teléfono. Después oí
mi nombre; después que yo regresaría a las siete; después la indicación de que me arrestaran cuando yo atravesara el jardín. Mi razonable amigo estaba razonablemente vendiéndome. Le oí exigir unas   20
garantías de seguridad personal.

Aquí mi historia se confunde y se pierde. Sé que perseguí al
delator a través de negros corredores de pesadilla y de hondas
escaleras de vértigo. Moon conocía la casa muy bien, harto mejor que
yo. Una o dos veces lo perdí. Lo acorralé antes de que los soldados   25
me detuvieran. De una de las panoplias del general arranqué un
alfanje; con esa media luna de acero le rubriqué en la cara, para
siempre, una media luna de sangre. Borges: a usted que es un des-
conocido, le he hecho esta confesión. No me duele tanto su
menosprecio".   30

Aquí el narrador se detuvo. Noté que le temblaban las manos.

—¿Y Moon? — le interrogué.

—Cobró los dineros de Judas y huyó al Brasil. Esa tarde, en la
plaza, vio fusilar un maniquí por unos borrachos.

proseguir   to continue
gemido   groan
corva   curved   **blanquecina**   whitish
llevo ... infamia   I carry the mark of my treachery on my face

amparar   to give shelter   **despreciar**   to despise

Aguardé en vano la continuación de la historia. Al fin le dije que prosiguiera.

Entonces un gemido lo atravesó; entonces me mostró con débil dulzura la corva cicatriz blanquecina.

—¿Usted no me cree? —balbuceó—. ¿No ve que llevo escrita en la cara la marca de mi infamia? Le he narrado la historia de este modo para que usted la oyera hasta el fin. Yo he denunciado al hombre que me amparó. Yo soy Vincent Moon. Ahora desprécieme.   5

1942.

Synthetic Exercises

A.

1. A / inglés / cruzar / le / cara / cicatriz / rencoroso. (*imp.*)
2. Sólo / a / Cardoso / dueño / *La Colorada* / confiar / le / historia / cicatriz. (*pret.*)
           imp.   *pret.*   *imp. subj.*
3. Inglés / venir / — / frontera, / no / faltar / quien / decir //
                   pluperf.
   — / – Brasil / haber ser / contrabandista.
4. (Ellos) decir // ser / severo / hasta / crueldad / pero // ser / escrupulosa– / justo. (*imp.*)
5. (Ellos) decir / también // ser / bebedor. (*imp.*)
                pret.
6. Crecida / — / arroyo / obligar / — / Borges / — / hacer / noche / — / *La Colorada.*
         pret.   *imp.*
7. Borges / creer / notar // visita / — / inglés / ser / inoportuno.
         pret.   *imp.*
8. Borges / decir // ser / invencible / uno / país / con / espíritu / Inglaterra.

9. Inglés / asentir, / agregar / — / sonrisa // no / ser / *pret.* *pret.* *imp.*
inglés / sino / irlandés / Dungarvan.

10. En / comedor / peón // haber servir / cena / traer / botella / *pluperf.* *pret.*
ron, / (ellos) beber. *pret.*

11. Borges / estar / borracho, / mentar / cicatriz / — / inglés. *imp.* *pret.*

12. Cara / inglés / demudarse, / a / fin / empezar / — / contar / *pret.* *pret.*
le / historia / cicatriz.

B.

13. Inglés / ser / uno / — / muchos // conspirar / para /
independencia / Irlanda. (*imp.*)

14. (Ellos) ser / republicano / católico, / ser / también /
romántico / según / sospechar / inglés. (*imp.*)

15. En / uno / atardecer / llegar / afiliar / — / Munster / *inf.* *pret.* *past part.*
– tal / John Vincent Moon.

16. Moon / tener / escasa– / veinte / año, / ser / flaco, / fofo /
— / vez. (*imp.*)

17. Moon / ser / comunista, / reducir / historia / universal / — / *pres. part.* *imp.*
sórdido / conflicto / económico.

18. Noche / grupo / seguir / disentir / — / corredor / luego / *pret.* *pres. part.*
— / calles.

19. Cuando / (ellos) arribar / — / último / casas / brusco /
tiroteo / aturdir / les. (*pret.*)

20. (Ellos) internarse / — / calle / — / tierra, / soldado / *pret.*
surgir / — / cabaña / incendiar. *pret.* *past part.*

21. A / gritos / este / soldado / mandar // (ellos) detenerse. *pret.* *imp. subj.*

C.

22. Inglés / apresurar / pasos, / a / darse / vuelta / Moon / *pret.*
estar / inmóvil / fascinar / — / terror. *imp.* *past part.*

23. Entonces / inglés / volver, / derribar / — / uno / golpe /
— / soldado, / sacudir / — / Moon. (*pret.*)

            pret.   *pret.*   *imp. subj.*

24. Inglés / insultar / lo, / ordenar / lo // seguir / lo.

25. Descarga / fusilería / buscar / les, / bala / rozar / hombro /
Moon. (*pret.*)

26. Inglés / — / aquel / otoño / haberse guarecer / — / quinta /
general Berkeley. (*pluperf.*)

27. Este / edificio / abundar / — / perplejo / corredores, /
vano / antecámaras, / aun / museo, / enorme / biblioteca //
usurpar / planta / bajo. (*imp.*)

             inf.   *pret.*

28. A / entrar / — / quinta / inglés / hacer / le / curación, /
    pret.   *pret.*   *imp.*
traer / le / taza / té, / poder / comprobar // herida / ser /
superficial.

           pret.   *pluperf.*

29. Moon / decir // inglés / haberse arriesgar / sensible– / a /
                     pret.   *imp. subj.*
– cual / inglés / responder // no / preocuparse.

30. A / otro / día / Moon / haber recuperar / aplomo. (*pluperf.*)

            pret.   *imp.*

31. Inglés / decir / — / Moon // esperar /les / compañeros, /
  pret.
inglés / ir / — / pieza / — / sobretodo, /revólver.

            pret.   *pret.*   *imp.*

32. Cuando / inglés / volver / Moon / conjeturar // tener /
  pret.   *pret.*
fiebre, / invocar / espasmo / hombro; / éste / ser / cobarde.

           pret.   *imp. subj.*   *pret.*

33. Inglés / rogar / le / torpe– // cuidarse, / despedirse.

          imp.   *imp. subj.*

34. Abochornar / le / Moon / como si / él / mismo / ser /
cobarde / no / Moon.

          pres.   *pres.*   *imp. subj.*

35. – que / hacer / uno / hombre / ser / como si / hacer / lo /
todo / hombres.

D.

36. Nueve / día / (ellos) pasar / — / enorme / casa / general.
(*pret.*)

                                 pret.

37. Penúltimo / día / inglés, / compañeros / irrumpir / cuartel /
                         pret.
enemigo, / (ellos) poder / vengar / — / dieciséis / cama-
    pret.   *past part.*
rada // ser / ametrallar.

38. A / anochecer / inglés / estar / — / vuelta, / Moon / esperar / le / — / primero / piso. (*imp.*)

                    pret.
39. Décimo / día / ciudad / caer / definitiva– / – poder – / Black and Tans.

         pret.   *imp.*
40. Inglés / ver / alto / jinetes / silencioso // patrullar / rutas / también / cadáver, / maniquí / sobre / – cual / soldados / *imp.* ejercitar / puntería.

         pluperf.   *pret.*
41. (Él) haber salir / a / amanecer, / volver / antes / mediodía.

                    imp.
42. Moon / en / biblioteca / hablar / — / alguien, / tono / voz / *pret.*   *imp.* hacer / — / inglés / comprender // Moon / hablar / — / teléfono.

                    pret.
43. Después / inglés / oír / nombre; / después // inglés / *cond.* regresar / — / siete; / después / indicación / — // (ellos) *imp. subj.*   *imp. subj.* arrestar / le /cuando / atravesar / jardín.

              imp. pres. part.
44. Amigo / Moon / estar / vender / le / — / inglés / a / vez // *imp.* exigir / garantía / seguridad / personal.

E.

                    pret.
45. Inglés / perseguir / — / Moon / — / corredores, / *imp.* escaleras / pero / Moon / conocer / casa / mejor // él.

         pret.   *pret.*
46. Inglés / perder / — / Moon / pero / acorralar / le / antes // *imp. subj.* soldados / detener / aquél.

47. Inglés / arrancar / — / panoplias / — / general / alfanje, / con / este / medio / luna / — / acero / rubricar / le / cara / — / Moon. (*pret.*)

                    pret.   *pret.*
48. Aquí / inglés / detener / narración, / Borges / notar // *imp.* temblar / le / manos / — / inglés.

49. Inglés / explicar // Moon / cobrar / dineros / Judas, / huir / — / Brasil. (*pret.*)

           pret.   *pret.*
50. Borges / aguardar / continuación / historia, / a / fin / decir /

        imp. subj.

    le // proseguir.

          pret.   *imp.*   *past part.*
51. Inglés / decir // el / llevar / escribir / — / cara / marca / infamia: / cicatriz.

          pret.   *pret.*   *pret.*
52. Inglés / confesar / — / Borges // ser / él // denunciar /

                  pret.   *imp.*

    — / hombre // amparar / le; / él / mismo / ser / John Vincent Moon.

Express in Spanish

A.

1. A frightful scar crossed the face of the Englishman. (Note the order of the Spanish sentence.)
2. Only to Cardoso, the owner of *La Colorada,* did he confide the story of the scar.
3. The Englishman came from the frontier; *there were those who* said that in Brazil he had been a black marketeer.
4. They used to say that he was severe to the point of cruelty, but that he was scrupulously fair.
5. They also used to say that he was a drinker.
6. An overflow of the river obliged Borges to pass the night at *La Colorada.*
7. Borges *thought he noticed* that the visit to the Englishman was inopportune.
8. Borges said that a country with the spirit of England was invincible. (Note the order of the Spanish sentence.)
9. The Englishman agreed and added with a smile that he was not English, but Irish from Dungarvan.
10. In the dining room, the peon who had served dinner brought a bottle of rum and they drank.
11. Borges was drunk and he mentioned the scar to the Englishman.
12. The face of the Englishman changed expression, and finally he began to tell him the story of the scar.

B.

13. The Englishman was one of many who conspired for the independence of Ireland.
14. They were republicans and Catholics and they were also romantics *according to* what the Englishman suspected.
15. One afternoon an affiliate from Munster arrived *at their place:* a certain John Vincent Moon.
16. Moon was hardly twenty years old. He was skinny and lightweight as well.
17. Being a communist, Moon reduced universal history to a sordid economic conflict.
18. At night the group went along arguing in the hallway and then in the streets.
19. When they arrived at the last houses a sudden volley of shots stunned them.
20. They turned into a dirt road and a soldier came out (suddenly) from a burned-out hut.
21. *Shouting,* this soldier ordered *them to halt.*

C.

22. The Englishman hastened along and on turning (saw that) Moon was motionless, frozen *with* terror.
23. Then, the Englishman went back, felled the soldier with one blow and shook Moon.
24. The Englishman insulted him and ordered *him to follow* him.
25. A volley of shots overtook them and a bullet grazed Moon's shoulder.
26. That autumn the Englishman had taken up quarters in the country home of General Berkeley.
27. This building abounded in perplexing corridors, empty chambers, and even a museum and an enormous library that nearly filled the first floor.
28. On entering the estate the Englishman applied first aid to him, brought him a cup of tea, and succeeded in verifying that the wound was superficial.
29. Moon said that the Englishman had taken *a sensible* risk, to which the Englishman replied that he should think nothing of it.
30. On the following day Moon had recovered his composure.
31. The Englishman said to Moon that their companions were waiting for them and the Englishman went to his room for his overcoat and revolver.

32. When the Englishman returned, Moon said he felt that he had a fever and he conjured up a spasm in his shoulder; this (man) was a coward.
33. The Englishman begged him awkwardly *to take care of himself* and said good-bye.
34. Moon upset him as if he himself were the coward, not Moon.
35. What one man does is as if all men did it.

D.

36. They spent nine days in the enormous house of the general.
37. On the next-to-last day the Englishman and his companions raided the barracks of the enemy and *succeeded in* avenging the sixteen comrades who were machine-gunned.
38. At nightfall the Englishman was back and Moon was waiting for him on the first floor.
39. On the tenth day the city finally fell into the hands of the Black and Tans.
40. The Englishman saw tall, silent horsemen who patrolled the routes, bodies, and a dummy on which the soldiers practiced (their) aim.
41. He had left at dawn and returned at midday.
42. Moon, in the library, was speaking with someone; the tone of voice led the Englishman to realize that Moon was talking on the telephone.
43. Next, the Englishman heard his name, that the Englishman would return at seven; next, the suggestion that they should arrest him when he crossed the garden.
44. (His) friend Moon was *informing on* the Englishman at the same time that he was demanding a guarantee of personal safety.

E.

45. The Englishman chased Moon through the corridors and stairways but Moon knew the house better than the Englishman.
46. The Englishman lost Moon but he finally cornered him before the soldiers detained him.
47. The Englishman seized a cutlass from the general's arms collection and with this he slashed a half-moon of steel on *Moon's face.* (Note the order of the Spanish sentence.)
48. Here the Englishman stopped his story and Borges noticed that the Englishman's hands were trembling.
49. The Englishman explained that Moon collected the wages of Judas and fled to Brazil.

50. Borges awaited the continuation of the story and at last told him *to continue.*
51. The Englishman said that he *bore* on his (own) face the mark of infamy: the scar.
52. The Englishman confessed to Borges that he was the one who denounced the man who sheltered him, since he himself was John Vincent Moon.

Questions

A.

1. ¿Qué le cruzaba la cara del inglés?
2. ¿A quién le confió el inglés la historia de la cicatriz?
3. ¿De dónde venía el inglés y qué se decía de él?
4. ¿Qué se decía de su personalidad?
5. ¿Qué más se decía de él?
6. ¿Qué le obligó a Borges a hacer noche en *La Colorada?*
7. ¿Qué creyó notar Borges?
8. ¿Qué dijo Borges de Inglaterra?
9. ¿Cómo respondió el inglés, y qué agregó con una sonrisa?
10. ¿Qué trajo el peón que había servido la cena, y qué hicieron Borges y el inglés?
11. ¿Cómo estaba Borges, y qué mentó al inglés?
12. ¿Cómo se le vio la cara al inglés, y qué empezó a hacer éste al fin?

B.

13. ¿Qué hacía el inglés por la independencia de Irlanda?
14. ¿Cómo eran los conspiradores según sospechaba el inglés?
15. En un atardecer, ¿quién les llegó?
16. ¿Cuántos años tenía Moon y cómo era él?
17. ¿Qué era Moon, y a qué reducía la historia universal?
18. ¿Qué siguió haciendo el grupo, y luego, en dónde?
19. ¿Adónde llegaron, y qué les aturdió?
20. ¿En dónde se internaron, y quién surgió de una cabaña?
21. ¿Cómo y qué les mandó el soldado?

C.

22. ¿Cómo anduvo el inglés, y al darse la vuelta, cómo se encontraba Moon?
23. Entonces, ¿qué hizo el inglés para salvar a Moon?

24. ¿Cómo le habló a Moon el inglés?
25. ¿Qué les buscó y qué efecto tuvo en Moon?
26. ¿Cuándo y dónde se había guarecido el inglés?
27. ¿Cómo era la quinta del general?
28. Al entrar en la quinta ¿qué hizo el inglés por Moon?
29. ¿Cómo reaccionó Moon al heroísmo del inglés, y cómo le respondió el inglés?
30. ¿Cómo estaba Moon al día siguiente?
31. Según el inglés ¿quiénes les esperaban; adónde fue el inglés?
32. ¿Qué conjeturó Moon y qué invocó; qué era Moon?
33. ¿Qué le rogó el inglés a Moon, y luego, qué hizo aquél?
34. ¿Qué se sentía el inglés a causa de la cobardía de Moon?

D.

35. ¿Qué es el resultado de lo que hace sólo un hombre?
36. ¿Cuánto tiempo pasaron en la enorme casa del general?
37. En el penúltimo día, ¿qué hicieron el inglés y sus compañeros?
38. ¿Cuándo estaba de vuelta el inglés, y dónde le esperaba Moon?
39. ¿Qué ocurrió el décimo día?
40. ¿Qué cosas vio el inglés?
41. ¿Cuándo había salido y cuándo volvió?
42. ¿Dónde estaba Moon, y qué hacía?
43. ¿Qué información dio Moon por teléfono?
44. ¿Qué hacía Moon, y qué exigió?

E.

45. ¿Qué hizo el inglés, pero qué conocía Moon?
46. ¿Como resultó el episodio antes que llegasen los soldados?
47. ¿Qué arrancó el inglés des las panoplias, y qué hizo con él?
48. ¿Qué hizo el inglés con la narración, y qué notó Borges?
49. ¿Qué explicó el inglés?
50. ¿Qué aguardó Borges, y al fin qué le dijo al inglés?
51. Según el inglés ¿qué llevaba escrita en la cara?
52. ¿Qué confesó el inglés a Borges?

Conversational Cues

A.

Al inglés / cruzar / cara /
cicatriz.
Sólo / Cardoso / confiar /
historia.

Venir / frontera / el
Brasil / contrabandista.
Severo / crueldad /
escrupulosamente justo.

También / bebedor.
Crecida / obligar / hacer
noche.
Borges / creer notar /
inoportuna.
Borges / invencible /
espíritu / Inglaterra.
Inglés / asentir / agregar /
sonrisa / irlandés /
Dungarvan.
Comedor / peón / cena /
traer / ron / beber.
Borges / borracho /
mentar / cicatriz.
Cara / demudarse /
empezar a cantar.

B.

Inglés / conspirar /
independencia / Irlanda.
Republicanos / católicos /
también románticos.
Atardecer / llegarles /
afiliado / Munster / John
Vincent Moon.
Moon / comunista /
reducir / historia /
conflicto económico.
Noche / seguir disintiendo /
corredor / calles.
Arribar / últimas /
tiroteo / aturdirles.
Internarse / calle de tierra /
soldado / surgir / cabaña.
Gritos / mandar / detenerse.

C.

Inglés / apresurar / darse
vuelta / Moon / inmóvil /
terror.
Inglés / volver / derribar /

sacudir / inglés / insultar /
ordenar.
Descarga / buscar / bala /
rozar.
Inglés / otoño / haberse
guarecido / quinta /
general Berkeley.
Abundar / corredores /
antecámaras / museo /
biblioteca / usurpar /
planta.
Entrar / quinta / curación /
té / comprobar / herida.
Moon / inglés / arriesgado.
Otro día / Moon /
recuperar / aplomo.
Inglés / Moon /
compañeros / esperar /
pieza / sobretodo / revólver.
Moon / conjeturar / fiebre /
invocar / espasmo / cobarde.
Inglés / rogar / cuidarse /
despedirse.
Abochornarse / como si /
cobarde / no Moon.
Hacer / un hombre /
como si / todos.

D.

Nueve días / pasar.
Penúltimo / inglés /
compañeros / irrumpir /
cuartel / vengar / dieciséis /
ametrallados.
Anochecer / de vuelta /
Moon / esperarle.
Décimo / ciudad / caer /
Black and Tans.
Inglés / jinetes / patrullar /
cadáver / maniquí /

La forma de la espada 149

soldados / ejercitar /
puntería.
Salido / amanecer /
volver / mediodía.
Moon / biblioteca /
hablar / tono / teléfono.
Después / nombre /
después / regresar / las
siete / después /
indicación / arrestarlo /
atravesar / jardín.
Amigo Moon / estar
vendiendo / exigir /
garantía / seguridad.

E.
Inglés / perseguir /
corredores / escaleras /
Moon / conocer.

Inglés / perder /
acorralarlo / antes /
soldados / detener.
Inglés / arrancar /
panoplias / alfanje /
media luna / rubricar.
Aquí / inglés / detener /
temblar.
Explicar / Moon / cobrar /
Judas / huir.
Borges / aguardar /
decirle / proseguir.
Inglés / llevar escrito /
marca.
Confesar / denunciar /
hombre / amparar /
él mismo / John Vincent
Moon.

Discussion Topics

1. ¿Quién relata la historia, y qué efecto tiene esta técnica narrativa?

verosimilitud	(in–) verosímil	confeccionar
realismo	inmediato	proporcionar
abstracción	verídico	establecer
sentido	histórico	añadir
sentimiento	dilatado	sugestionar
dimensión		sugerir
ambiente		
historia		

2. Apunte usted los incidentes que dejan una impresión exacta de la personalidad de Vincent Moon. ¿Qué fin tienen estos detalles narrativos y otros descriptivos?

lector

delinear
desviar
dejar suspendido
mantener suspenso

3. ¿Viene la revelación final como sorpresa sin alusión previa?
   Explíquese.

Refiriéndose al trozo
en la página ... que
dice, "..."

4. Mencione usted las semejanzas y los contrastes entre esta
   selección y "Everything and Nothing".

comparable

contrastar, hacer
contraste
comparar(se) con
merecer mencionarse

Juan Goytisolo

Juan Goytisolo, born in Barcelona in 1931, is the most precocious of the younger generation of writers. In 1952, he published *Juegos de mano* which had been translated into ten languages. In 1955, Goytisolo received the Índice Prize for his second novel, *Duelo en el paraíso.* Two years later he published *El circo,* which he described as "a farce that ends unhappily."

"Los amigos" is from a collection of short stories published in 1957 entitled *Para vivir aquí.* A group of students revolt in an un-named Spanish city and are pursued by the authorities. Sitting in a café, the main figure and his friends are caught up in an episode which is as ironically illuminating as it is characteristic of Goytisolo's more recent work.

reposo   rest
bruscamente   abruptly
cubrían las aceras   packed the sidewalks
muda   mute, silent

asombrar   to surprise

el simple hecho   the simple act
revestir   to take on   **insólito**   unusual, uncustomary

disponíamos . . . jornada   we were completely free for the big day

gentío   crowd
transeúnte   pedestrian
Los habíamos recorrido todo   we had been everywhere
de la mañana a la noche   all morning and night; the whole day
nos costaba convencernos de   we could scarcely believe

Los amigos

A Jaime Gil de Biedma

Desde hacía seis días, no había tenido un momento de reposo. El ritmo de vida de la ciudad se había alterado bruscamente y en la cara de los hombres y mujeres que cubrían las aceras, se leía una resolución firme, llena de esperanza. Una solidaridad muda nos unía a todos. Habíamos descubierto que no estábamos solos y, después de tantos años de vergüenza, el descubrimiento nos asombraba. Nuestras miradas se cruzaban y eran miradas de complicidad. Los gestos más insignificantes de la vida diaria—el simple hecho de caminar— revestían un carácter insólito y milagroso. La gente cumplía su trayecto habitual en silencio y este silencio, de centenares, de miles de personas, era más elocuente que cualquier palabra. Ni mis amigos ni yo habíamos visto nada parecido y nos sentíamos como borrachos. Al cabo de muchos días de trabajo y espera, disponíamos libremente de la jornada. El espectáculo de las calles invadidas nos atraía y nos confundíamos en el gentío como unos transeúntes más, en silencio, buscando con avidez en cada rostro, el apoyo y sostén de la mirada. Lo habíamos recorrido todo, el centro y las afueras, de la mañana a la noche, incansablemente. Hacía largo tiempo que aguardábamos este día y nos costaba convencernos de que

piso apartment

se poblaron de amenazas were full of threats
Había que vigilar it was necessary (for us) to be wary   **orar** to pray
se insinuaba was tacitly present   **recortarse** to be outlined, stand out

Fulanito So-and-So

Menganito So-and-So
cambiar de aires go away (as a fugitive, into exile)
tener pinta de maricón to have the appearance of a male homosexual
suprimir to suspend

locutorio público phone booth
Zutano So-and-So
seguir bien to be well, safe   **pedir(le) prestado** to ask (someone) for
a loan   **ascensor** elevator   **latir** to beat, pound
lechero milkman
tintorería dry cleaner

lata can of foodstuffs

gafas ahumadas dark glasses

conminar to warn, pressure

amainar to abate, let up   **tras** after
angustiar to torment, worry

había llegado. Después de la cena nos reuníamos a discutir en el piso de Julia y no nos íbamos a acostar hasta que amanecía.

Luego, la atmósfera se ensombreció y los periódicos se poblaron de amenazas. Había que vigilar y orar, el enemigo se insinuaba por todas partes. Una silueta familiar se recortaba sobre un fondo de aviones, tanques, cañones y navíos. El que tantas veces nos había llevado a la victoria, tenía conciencia de su deber y no desertaría jamás de su puesto de honor, de mando y de cambate . . .

Todas las mañanas, al despertarme, leía los editoriales y telefoneaba a Julia, a Antonio o a Máximo para oír su voz y asegurarme de que nada había ocurrido. En la Universidad decían que Fulanito no había ido a dormir a casa; que desde el martes, no se tenían noticias de Menganito. Algunos se asombraban de verme allí y me aconsejaban cambiar de aires.

Un hombre que no tenía pinta de maricón seguía a Enrique como una sombra y, el mismo día, decidimos suprimir nuestras reuniones y esperar los acontecimientos en casa. Pero la soledad nos resultaba insoportable y, al cabo de unas horas, no resistíamos a la tentación de oírnos y, desde cualquier locutorio público, nos telefoneábamos con voz falsamente despreocupada, para preguntar si la madre de Zutano seguía bien o pedirnos prestado algún libro.

Desde mi cuarto percibía el ruido del ascensor y mi corazón latía más aprisa cada vez que el timbre sonaba. Era el lechero con sus botellas, o la chica de la tintorería, o el inspector del gas. Una tarde fui a ver a Amadeo y su madre, al abrir la puerta, dijo, elevando la voz: "No. No queremos más. Las latas que nos vendió la última vez no eran buenas y tuvimos que echarlas". Dentro, se oía rumor de pasos y un hombre con gafas ahumadas se asomó a mirar, desde el pasillo. Incliné la cabeza y salí.

Ninguno de mis amigos sabía nada. Encontré a Máximo en la Biblioteca y me conminó a partir. Puesto que tenía el pasaporte en regla, lo mejor que podía hacer era largarme y aguardar al otro lado de la frontera a que la tormenta amainase. Tras unos instantes de vacilación, acepté. Aunque me angustiaba dejar a los otros, me daba

Lo peor es la espera.   The worst (part) is the waiting.

quedar en   to agree to, decide to

Ranchito   name of the bar

distraerse   to enjoy oneself

Adviérteselo   *imperative,* **advertir** let them know (it), warn them
hartos   fed up, disgusted

acodado en la barra   leaning with the elbows on the bar
encuadrado   bordered

gamberro ideológico   ideological dropout, bum

zascandil   busybody   **resentido**   sorehead
tocadiscos   record player, jukebox

penumbra   shadow   **trastienda**   back room
estrechar la mano   to shake hands
descotado   low-cut

no os dejabais ... aquí   you (fellows) haven't dropped in here

¿Por qué nos ... nada?   Why would anything happen to us?

cuenta de que mi presencia era inútil. La gente seguía caminando por la calle y temía no soportar más el sonido del timbre.

—Preferiría que hubieran subido ya, ¿comprendes?... Lo peor es la espera.

El tren salía al día siguiente y tenía mucho que hacer. Mientras 5 devolvíamos los libros al empleado quedamos en reunirnos con los demás, después de la cena.

—Diles que vayan al Ranchito. Como en los buenos tiempos...

—Se lo diré —prometió Máximo.

—Tengo ganas de distraerme y no pensar... 10

—Yo también.

—Adviérteselo a ellos.

—No te preocupes... Todos están tan hartos como tú.

—Beberemos...

—Sí —dijo él—. Beberemos. 15

Cuando llegué, Antonio aguardaba ya. Leía el periódico, acodado en la barra y me mostró un editorial encuadrado en rojo.

—¿Has visto?

—No —repuse—. Pero me lo imagino.

—Nos llaman gamberros ideológicos. 20

—Por una vez, tienen razón... Es la pura verdad.

—Eso es lo que digo —rio—. Zascandiles, gamberros y resentidos.

El tocadiscos transmitía una musiquilla de acordeón. Una mujer bailaba sola en el centro del bar y las parejas sentadas en las mesas charlaban en la penumbra. Encarna apareció por la puerta de la tras- 25 tienda y, al vernos, se acercó a estrecharnos la mano.

—Hola, queridos. —Estaba espléndida, con un traje amarillo descotado, que dejaba al desnudo sus hombros de matrona y sus brazos carnosos y robustos—. Hacía tiempo que no os dejabais caer por aquí... 30

—Sí —dije yo—. Hacía tiempo.

—Me preguntaba si os había pasado algo...

—¿A nosotros? —exclamó Antonio—. ¿Por qué nos iba a ocurrir nada? ¿No ves que somos muy buenos?

—No sé —dijo Encarna—. En este país pasan cosas tan raras... 35

a la gente . . . pronto   people suddenly get the notion
se tira   walks

Player   an English cigarette   boquilla de ámbar   amber cigarette holder

vosotros . . . lunáticos   you (fellows) are a bit crazy

sicalípticos   (you're) foul-mouthed

Valiente par . . . dos   A fine pair of fools you are.
puñado   handful

Todo español que se respete   every self-respecting Spaniard

Hala   (interjection) Hey   Estáis . . . veo   you (fellows) are in a real
   mood for jokes as I see it   ir a poner de mala uva   to anger

jugada   mean trick

clavar una multa   to slap a fine

fastidiar   to annoy

día de la Concepción   December 8, Feast of the Immaculate Conception
inspector de paisano   city inspector
grises   grays, the civil police

por lo visto   supposedly

—¿Cosas? ¿Qué cosas?

—Misterios... A la gente le da de pronto, por caminar... Mi criada, que vive en Horta, se tira cada día varios kilómetros...

—Los médicos dicen que es bueno para la salud.

—Sí —dije yo—. Es un ejercicio magnífico.   5

Encarna puso un Player en su boquilla de ámbar y arrimé el encendedor.

—Me parece que vosotros andáis algo lunáticos, esta noche.

—¿Lunáticos? ¿Por qué?

—No sé... Sicalípticos... Si fuese vuestra mamá, os habría   10
mandado a la cama...

—No tenemos sueño —dijo Antonio.

—Valiente par de pájaros estáis hechos los dos...

—Todo es obra de un puñado de agitadores, a sueldo del enemigo —expliqué—. ¿No has leído la prensa?   15

—No.

—Pues haces muy mal —le reprendí—. Todo español que se respete, tiene el deber de leerla.

—Hala, calláos —dijo Encarna—. Estáis de mucha broma por lo que veo y me vais a poner de mala uva.   20

—¿De mala uva? ¿Tú?...

—Cosas que pasan... —Se acarició el pelo, gravemente—. ¿No os enterásteis de la jugada que me hicieron?

—No.

—Me han cerrado el bar durante un mes y, encima, me clavan una   25
multa.

—No fastidies...

—Como os lo digo. —Encarna bajó la voz y miró atrás, asegurándose de que nadie la escuchaba—. Fue el día de la Concepción...
Uno de esos inspectores de paisano, entró a beber un vasito de leche   30
y, al salir, va y me denuncia a los grises.

—¿Por qué?

—¡Yo qué sé!... Por lo visto, parece que en el bar vio muchas pros-ti-tu-tas...

—¿Llevaba gafas?   35

cartelito   placard
qué caray   what the heck

mal rayo le parta   may the devil take him

hacer porquerías   to do nasty things
contoneándose   strutting
popa   (noun) behind

Moriles   a brand of wine
espié   *preterit* **espiar,** to distinguish, catch a glimpse
vigilancia   plain-clothes branch of police

mueblé   bordello
esponja   sponge   **manzanilla**   a white wine

desdoblar   to unfold   **recuadro**   article

ranura   slot

tirar de la manga   to pull at one's sleeve

—Dijo que estaba lleno. —Volvió la cabeza y contempló a las mujeres sentadas al fondo—. Yo, no sé si debo ser idiota o qué, jamás he visto ninguna . . .

—Nosotros tampoco —afirmó Antonio.

—Si llevaran un número en la espalda o les colgaran un carte- 5
lito . . . Algo que las distinguiera, qué caray . . . Podría decirles: No, lo siento, en mi establecimiento no admito pros-ti-tu-tas (¿se dice así?). Pero, de otra forma, ¿cómo puedo saberlo?

—No hay manera, claro.

—Es lo que le expliqué al señor Comisario (que mal rayo le 10
parta . . .) Las chicas que vienen a mi establecimiento tienen un cara y dos ojos como las otras y hablan el español tan bien como usted y como yo . . . Yo no puedo saber si, cuando salen, en lugar de irse a dormir con la mamá, se ponen a hacer porquerías . . .

La llamaba un cliente, al otro lado de la barra y se alejó contoneán- 15
dose. Su popa era increíblemente voluminosa, pero sabía moverla con gracia.

—¿Qué bebes?

—Lo que tú quieras. A mí, me da igual . . .

Antonio pidió una botella de Moriles. El bar tenía la puerta 20
entreabierta y, acodado en la barra, espié el movimiento de la calle. Vi un grupo de americanos borrachos, y a uno de la vigilancia, acompañado de dos policías. Otros iban del brazo con mujeres y entraron en el mueblé de al lado. Después de tantos días de agitación, me sentía hueco como una esponja y absorbía la manzanilla sin darme 25
cuenta.

Antonio había desdoblado el periódico y leía de nuevo el recuadro. Varios americanos charlaban en una mesa del fondo y uno se levantó e introdujo varias monedas en la ranura del tocadiscos. La musiquilla de acordeón cesó, reemplazada por un solo de clarinete. Alguien me 30
tiró de la manga y me volví. Era Julia.

—Hola, gamberros —saludó (llevaba el periódico en la mano).

—Hola, resentida.

Máximo se había parado junto a la puerta y se acercó, del brazo de Encarna.
                                                                                    35

hacer(le) una faena a uno   to make trouble for someone

Total que . . . coplas   and so nothing worked

diez mil (pesetas)   approximately 70 *pesetas* are equal to $1 U.S.

cierre   period of closure   **Si no llega . . . benditos.**   If it weren't for the
fact that I have these fine fellows the whole day

preciosos   (term of endearment) my loves
mueca   gesture
susurrar   to murmur, purr

permanecer   to remain
absorto   absorbed
desatar   to loosen
aplicación   concentration, diligence

tirarse del flequillo   to pull at one's bangs

empañada   blurred

de golpe   suddenly

como si ya . . . nunca   as if we weren't (going) to see each other ever again
enjuto   lean
de rondón   suddenly, abruptly

al rape   cut short, cropped   **lacio**   straight

desafiante   defiant

—Les estaba contando a tus amigos la faena que me han hecho . . .

Julia quiso saber de qué se trataba, y repitió la historia. Habíamos acabado la botella y pedí una nueva y un par de vasos.

— . . . Total que no me valieron coplas, y tuve que pagar la multa.

—¿Cuánto, si se puede saber . . . ?

—Diez mil, hija, diez mil. Aparte de lo que perdí durante el cierre. —Señaló a los americanos con la boquilla—. Si no llega a ser porque tengo todo el día a estos benditos . . .

Como si hubieran adivinado que hablaba de ellos, los marinos reclamaron su presencia. Encarna gritó: "Ya, voy, preciosos" e hizo una mueca de disculpa.

—El de los lentes se ha enamorado de mi —susurró mientras se iba.

Al quedarnos solos, nos sentamos en la única mesa libre. Teníamos tantas cosas que decir, que no sabíamos por donde empezar y permanecimos callados, cada uno absorto en su vaso de manzanilla. Esperábamos que el alcohol nos desatara la lengua y bebíamos rápidamente, con gran aplicación. Acababa la segunda botella, pedí otras dos. La música cubría el rumor de las conversaciones, varias parejas bailaban. Julia se tiraba del flequillo con ademanes nerviosos y, cuando veía un vaso vacío, se apresuraba a llenarlo. Bebimos la tercera botella (el tiempo de tres discos) y, al atacar la cuarta, los ojos de mis amigos brillaban y sus miradas estaban como empañadas de ternura. Antonio dijo: "¡Qué gamberros somos!" y respondimos a coro: "¡Y zascandiles, y resentidos!". Habíamos perdido, de golpe, el deseo de hablar y no deseábamos más que continuar así, unos al lado de otros, como si ya no hubiéramos de vernos nunca . . .

Después, nuestra atención se fijó en un hombre enjuto, vestido con una guerrera de legionario, que había abierto la puerta de rondón y se había plantado en medio del bar, en actitud agresiva. De mediana edad, llevaba el pelo cortado al rape y un bigote cuadrado, lacio y caído. Por espacio de unos segundos, su mirada recorrió el público, desafiante. Finalmente se dirigió a un hueco de la barra y pidió un vaso de manzanilla.

—Bebida nacional española —proclamó.

auparse   to pull up   **escupir**   to spit
escudriñar   to look intently, scrutinize
de un tirón   in one gulp
nena   (term of endearment) doll, dear

uisqui   whisky

tener muy mala folla   to have a very bad temper

achantadla   (you fellows) hide her (quiet her)   **Como volváis a**
empezar   If you begin again

Eso ... abuelita.   Tell that to someone gullible (lit., grandmother).
con el rabillo del ojo   out of the corner of the eye

que encima   what's more

amagó arrearle   threatened to push him

Valiente punto ... Dios.   What a meager thing your God is.
hacer una vedija   to make designs in the air

qué bajo   how disgusting!   **Ya se las ... claras**   I'll tell him (God) a
thing or two   **agarrar**   to get a hold of

reprobación   condemnation

La muchacha del bar cambió una mirada con Encarna y llenó un vaso hasta el borde. El hombre se aupaba los pantalones y escupió en el suelo. Sus ojos escudriñaban el cuerpo de la chica. Con un ademán brusco, agarró el vaso y lo vació de un tirón.

—Ponme otro, nena —dijo. 5

Visiblemente inquieta, Encarna vino a sentarse con nosotros. El americano de las gafas la había invitado a uisqui y se llevó el vaso a los labios, dando un suspiro.

—Los tipos ésos tienen muy mala folla —susurró.

—¿Mala? ¿Por qué? 10

—¿No lo habéis visto?

—Es uno de nuestros gloriosos soldados —dije yo.

—De nuestros gloriosos Salvadores —corrigió Julia.

—Hala, achantadla —dijo Encarna—. Como volváis a empezar os hecho fuera. 15

—Estamos en un país libre —protestó Antonio.

—En una democracia orgánica —dijo Julia.

—Eso se lo contáis a vuestra abuelita. —Encarna vigilaba al hombre con el rabillo del ojo—. ¿Sabéis lo que me dijo el Comisario cuando me llamó? 20

—No —contestamos todos, a coro.

—Que si me cerraba el establecimiento, lo hacía por mi bien y, que encima, debía darle las gracias por la multa.

—Magnífico —exclamó Máximo—. El tipo tenía toda la razón. A Dios no le gustan las prostitutas. 25

Encarna amagó arrearle con la mano.

—¿Dios, dices?

—Sí.

—Valiente punto filipino está hecho tu Dios —se cruzó desdeñosamente de brazos e hizo una vedija de humo con el cigarrillo—. 30 Volando por las nubes, sin enterarse de lo que pasa... "Ay, qué bajo, qué bajo"... Pues, ¡qué bajo! Ya se las cantaré bien claras, si lo agarro algún día.

La boquilla en la boca, el pelo recogido detrás de las orejas, nos observaba a nosotros—y a los demás clientes del bar—con viva repro- 35

imponente   imposing

acreedora   creditress

enmarañarse   to become entangled

discutir   to argue
interponerse   to come between, intercede
desabotonar   to unbutton

dando un portazo   slamming the door

Himno   national anthem   **Muy chulo él.**   Quite a wise guy, that one.
Lo he mandado . . . puñetas.   (obscenity) I told him where to go
(euphemistic approximation).

Ifni   Spanish protectorate (1933–69)
poner los brazos en jarras   to put (her) arms akimbo   **figúrese**
usted . . . ve   you, listen here
aguantarse   to contain oneself   **armar jaleo**   to raise a rumpus
lárguese   *imperative,* get out

bación. En mi vida la había visto tan imponente. Todo el furor de la humanidad ofendida parecía concentrarse en el intenso azul de sus ojos y, al coger el vaso de uisqui y vaciarlo de un trago, comprendí que era alguien a quien los agravios de la existencia llenaban de ira y que, en lugar de resignarse y olvidar como el común de los mor- 5 tales, acreedora implacable, los anotaba cuidadosamente en una lista. Habíamos acabado la manzanilla y la muchacha vino, con otras dos botellas. Durante varios minutos escuchamos la música. La presencia indignada de Encarna nos dispensaba de hablar y, aunque sin confe- sarlo abiertamente, se lo agradecíamos. Era nuestra última reunión y, 10 cada palabra, cada gesto, contaban. Desesperadamente, luchábamos contra la solemnidad. Antonio escribía sobre la mesa, Julia se acari- ciaba el pelo. Nos mirábamos en silencio y sonreíamos.

Empezaba a sentirme borracho y cerré los ojos. Las conversaciones se enmarañaban como serpentinas en torno de mí. Recuerdo vaga- 15 mente que Antonio cambió unas palabras con Máximo. Después, Julia me tiró de la manga y me sacudió. El legionario discutía con la muchacha y Encarna se había interpuesto y señalaba la puerta con la mano. La música impedía oír lo que decían. El hombre se desabotonó la camisa para mostrar el pecho. Mientras ella hablaba, había mirado 20 hacia las mesas, como aguardando una reacción favorable, pero nadie se movió. Le oí gritar algo ininteligible y se marchó dando un portazo.

Encarna volvió con nosotros. Había tentado el respaldo de la silla al sentarse y se acomodaba nerviosamente el pelo.

—¿Lo habéis oído?   25

Máximo dijo que no.

—Quería cantar el Himno. Muy chulo él... Lo he mandado a hacer puñetas.

—¿Qué te ha dicho?

—Que venía de Ifni. Ifni de Africa. Y ¿sabéis qué le he contes- 30 tado? —Encarna puso los brazos en jarras—; Pues figúrese usted, aquí donde me ve, yo vengo de Nueva York y, cuando tengo ganas de cantar me aguanto. De modo que, si quiere usted armar jaleo, lárguese a otro sitio.

—¿Y la camisa? ¿Para qué la abrió?   35

rojos   reds—the Republican forces in the Spanish Civil War (1936–39)

se plantó en el umbral   stood on the threshold
colmado   food store   **hizo ademán de empinar el codo**   he started to
bend his elbow
cascada   broken, shaky

desfile   parade

corear   to join in a chorus   **hecho de propósito**   apropos, perfectly fitting

inundarse de lágrimas   to overflow with tears   **boina**   beret
    escudo   coat of arms   **lucero**   star   **caídos**   those who died in
    combat in the Civil War   **almacenar**   to store, pent up
    estrofa   stanza

matón   bully

de órdago   first-rate, the greatest
se imaginan . . . todo   they think they've done everything

—Para enseñar sus heridas. El pobrecito fue herido dos veces por los rojos . . . Quería impresionarme.

Como si hubiera adivinado que hablaban de él, el hombre empujó la puerta y se plantó en el umbral. Había comprado una botella de Moriles en el colmado de la esquina e hizo ademán de empinar el 5 codo para beber, pero cambió de idea a la mitad y, con una voz áspera, cascada, empezó a cantar el Himno.

Fue algo extraordinario. Hacía más de doce años que no lo escuchaba (sentado en las rodillas de mi padre, cuando había desfile) y, tímidamente primero y, con decisión y de manera festiva después, 10 los clientes del bar lo coreamos. Parecía hecho de propósito, como una prolongación de nuestras bromas de zascandiles, gamberros y resentidos. Al oírlo, Julia había comenzado a reír y sus ojos se inundaron de lágrimas. Adiós camisas, boinas; adiós escudos, mártires, luceros y caídos. La angustia almacenada durante tantos días de 15 espera se evaporaba a cada estrofa. Milagrosamente dejamos de pensar en Amadeo, olvidamos la proximidad de mi partida . . .

Absorto en la parodia de la canción no me di cuenta de que unos matones agarraban al legionario por los hombros, ni de que lo echaban a la calle. Cuando me recobré (la borrachera me había pasado 20 de pronto), los clientes habían vuelto a sus mesas y, más bella y majestuosa que nunca, Encarna estaba, de nuevo, entre nosotros.

—Los españoles son de órdago —decía—. Porque han hecho la guerra, se imaginan que lo han hecho todo.

Mayo 1958

Synthetic Exercises

A.

1. Desde / hacer / seis / días / no / haber / momento / reposo. (*imp.*)
2. En / cara / hombres, / mujeres // cubrir / aceras / leerse / resolución / firme. (*imp.*)
3. Solidaridad / mudo / unir / les / — / todos. (*imp.*)
4. Después / tanto / años / vergüenza / descubrimiento / asombrar / les. (*imp.*)
5. Ni / amigos / ni / narrador / haber ver / nada / parecer, /
                       pluperf.   *past part.*
   imp.
   sentirse / como / borrachos.
6. (Ellos) confundirse / — / gentío / para / recorrer / centro, /
   imp.
   afueras / de / mañana / a / noche.
7. Después / cena / (ellos) reunirse / — / discutir / — / piso /
   imp.
   imp.
   Julia, / no / irse / — / acostar / hasta / amanecer.
8. Luego / atmósfera / ensombrecerse, / periódicos / poblarse /
   — / amenazas. (*pret.*)
9. Todo / mañanas / narrador / leer / editoriales, / telefonear /
                            imp.   *imp.*
   pluperf.
   — / amigos / para / asegurarse // nada / haber ocurrir.
10. Otro / estudiantes / desaparecer, / algunos / asombrarse /
                           pret.   *imp.*
    — / ver / — / narrador / — / Universidad.
11. Desde / cuarto / narrador / percibir / ruido / ascensor, /
    corazón / latir / más aprisa. (*imp.*)
12. – mejor // poder / hacer / narrador / ser / largarse, /
                imp.   *imp.*
    aguardar / — / otro / lado / frontera / a // tormenta /
    imp. subj.
    amainar.
13. Tren / salir / — / día / siguiente, / narrador / tener /
          cond.   *imp.*
    mucho // hacer.

B.

                pret.
14. Amigos / quedar / — / reunirse / después / cena / — /
    Ranchito.

15. Narrador / tener / ganas / — / distraerse, / amigo Máximo / *imp.*
    asegurar / le // demás / estar / hartos. *pret.* *imp.*

16. Cuando / narrador / llegar / amigo Antonio / leer / *pret.* *imp.*
    periódico / acodar / — / barra. *past part.*

17. Editorial / encuadrar / — / rojo / acusar / les / — / ser / *past part.* *pret.*
    gamberros / ideológico / zascandiles, / resentir. *past part.*

18. Encarna / aparecer / por / puerta / trastienda, / acercarse / *pret.* *pret.*
    — / estrechar / les / mano.

19. Ella / observar // hacer / tiempo // (ellos) no / dejarse / *pret.* *imp.* *imp.*
    caer / por / allí.

20. Narrador / preguntar / — / Encarna / si / haber leer / *pret.* *pluperf.*
    prensa, / agregar // todo / español // respetarse / tener / *pret.* *pres. subj.* *pres.*
    deber / — / leer / la.

21. Encarna / contestar // (ellos) estar / — / mucho / *pret.* *imp.*
    broma, // (ellos) ir / — / poner / la / — / malo / uva. *imp.*

22. Entonces / ella / contar // (ellos) haber cerrar / le / bar / *pret.* *pluperf.*
    durante / uno / mes, / encima / (ellos) clavar / le / multa. *pret.*

23. Uno / — / ese / inspectores / — / paisano / entrar / — / *pret.*
    beber / vasito / leche, / a / salir / ir / — / denunciar / la / *pret.*
    — / grises.

24. Antonio / pedir / botella / manzanilla, / narrador / como / *pret.*
    esponja / absorber / la / sin / darse / cuenta. *imp.*

25. Vario / americanos / charlar / — / mesa / — / fondo, / *imp.*
    uno / levantarse, / introducir / vario / monedas / — / *pret.* *pret.*
    ranura / tocadiscos.

C.

         pret.   *imp.*

26. Alguien / tirar / le / — / manga / — / narrador; / ser / Julia.

        pret.   *imp.*

27. Julia / querer / saber / — // tratarse / lo / — / Encarna, /
                pret.
éste / repetírselo.

               pret.   *pret.*

28. A / Encarna / no / valer / le / coplas, / tener // pagar / uno / multa / — / diez / mil / pesetas.

        pret.   *pret.*

29. Ése / ser / aparte / — / – que (ella) perder / durante / cierre.

             pret.   *pret.*

30. Encarna / hacer / uno / mueca / — / disculpa, / irse / — / juntar / — / americanos.

                               pret.

31. A / quedarse / solo / amigos / sentarse / — / único / mesa / libre.

         imp.   *imp.*

32. (Ellos) tener / tanto / cosas // decir // no / saber / — /
                               pret.   *past part.*
donde / empezar, / permanecer / callar / absorto / — / vaso / manzanilla.

            pret.   *pluperf.*

33. (Ellos) beber / cuatro / botella / manzanilla / así // haber perder / — / golpe / deseo / — / hablar.

             imp.

34. No / (ellos) desear / más // continuar / así / uno / a /
                                   imp. subj.
lado / — / otro / como si / ya / no / haber / — / verse / nunca.

D.

                pret.   *past part.*

35. Después / atención / fijarse / — / hombre / enjuto / vestir / con / guerrera / — / legionario.

         imp.   *past part.*

36. Él / estar / plantar / – medio – / bar / en / actitud / agresivo.

            imp.   *pret.*

37. Hombre / auparse / pantalones / escupir / — / suelo /
   pret.   *pret.*
agarrar / vaso, / vaciar / lo / de / tirón.

imp.
38. Encarna / vigilar / — / hombre / con / rabillo / ojo /
imp.
mientras / continuar / historia.

pret.   *imp.*
39. Encarna / repetir / palabras / Comisario // si / cerrar / le /
imp.
bar / hacer / lo / por / su / bien.

40. Encarna / observar / — / todo / clientes / — / bar / con /
vivo / reprobación. (*imp.*)

past part.   *imp.*
41. Todo / furor / humanidad / ofender / parecer / concentrarse / — / intenso / azul / ojos.

pluperf.
42. Amigos / haber acabar / botella / manzanilla, / muchacha /
pret.
venir / con / otro / dos; / quinto, / sexto.

pres.   *pret.*
43. Narrador / recordar // amigos / cambiar / uno / palabras, /
pret.   *pret.*
después / Julia / tirar / le / — / manga, / sacudir / le.

E.

imp.   *pluperf.*
44. Legionario / discutir / — / muchacha, / Encarna / haberse
interponer.

imp.
45. Encarna / señalar / puerta / — / mano / pero / música /
imp.   *imp.*
impedir / oír / – que / (ellos) decir.

pret.
46. Narrador / oír / le / — / legionario / gritar / algo /
pret.   *pres. part.*
ininteligible, / éste / marcharse / dar / portazo.

pret.   *pret.*
47. Encarna / volver / — / mesa / — / amigos, / decir //
imp.   *pret.*
legionario / querer / cantar / Himno / pero / ella / mandar /
lo / — / hacer puñetas.

pluperf.   *imp.*
48. Encarna / haber decir / le // si / querer / armar / jaleo //
imp. subj.
largarse / — / otro / sitio.

pluperf. subj.   *imp.*
49. Como si / legionario / haber adivinar // hablar / — / él /

pret.   *pret.*
(él) empujar / puerta, / plantarse / — / umbral.
                    pret.
50. (Él) hacer / ademán / — / empinar / codo / — / bar /
       pret.   *pret.*
    pero / cambiar / — / idea, / con / voz / áspero / empezar /
    — / cantar / Himno.
    imp.   *pret.*
51. Hacer / más / — / doce / año // narrador / no / escuchar /
              imp. past part.
    lo, / entonces / estar / sentar / — / rodillas / — / padre /
         imp.
    cuando / haber / desfile.
              imp.   *imp. past part.*
52. Clientes / bar / corear / lo, / parecer / hacer / — / pró-
    posito / como / prolongación / — / su / bromas / — /
    zascandiles.
       inf.   *pluperf.*
53. A / oír / lo / Julia / haber comenzar / — / reír, / su /
       pret.
    ojos / inundarse / — / lágrimas.
              pret.   *past part.*
54. Narrador / observar // angustia / almacenar / durante /
                                   imp.
    tanto / días / — / espera / evaporarse / — / cada /
    estrofa.
55. Narrador / absorto / — / parodia / — / canción / no /
    pret.   *imp.*
    darse / cuenta / — // uno / matones / agarrar / — /
                    imp.
    legionario, / — // echar / lo / — / calle.
              pret.   *imp.*
56. Encarna / opinar // españoles / ser / — / órdago; / porque /
    pluperf.   *imp.*   *pluperf.*
    haber hacer / guerra / (ellos) imaginarse // haber hacer /
    lo / todo.

Conversational Cues

A.

Seis días / no haber /
reposo.
Cara / hombres / mujeres /
acera / leerse / resolución.

Solidaridad / unirse.
Después / años / vergüenza /
descubrimiento / asombrar.
Amigos / narrador / haber

visto / sentirse borrachos.
Amigos / confundirse con /
centro / afueras.
Cena / reunirse / discutir /
piso / irse a acostar /
amanecer.
Luego / atmósfera /
ensombrecerse / periódicos /
amenazas.
Mañanas / narrador /
editoriales / telefonear /
asegurar.
Otros estudiantes /
desaparecer / algunos /
asombrarse / ser.
Desde / cuarto / narrador /
percibir / ascensor /
corazón / latir.
Lo mejor / narrador /
largarse / aguardar /
frontera / tormenta /
amainar.
Tren / día siguiente /
narrador / tener / hacer.

B.

Amigos / quedar en
reunirse / Ranchito.
Narrador / ganas /
distraerse / Máximo /
demás / hartos.
Narrador / llegar /
Antonio / periódico /
acodado.
Editorial / acusarles /
gamberros / zascandiles /
resentidos.
Encarna / aparecer /
puerta / acercarse /
estrechar.
Ella observar / hacer
tiempo / ellos dejarse caer.
Narrador / preguntar /

Encarna / prensa / agregar /
todo español / respetarse.
Encarna / contestar /
broma / ponerle de mala
uva.
Ella contar / haber cerrado /
mes / clavar / multa.
Inspectores de paisano /
leche / denunciar / grises.
Antonio / manzanilla /
narrador / esponja / darse
cuenta.
Varios americanos /
charlar / uno levantarse /
moneda / ranura.

C.

Alguien / tirar / manga /
Julia.
Julia / querer saber / lo de
Encarna / repetírselo.
A Encarna / valer coplas /
tener que / multa / 10,000
pesetas.
Aparte / perder / cierre.
Encarna / mueca /
disculpa / juntar /
americanos.
Quedarse / solos / amigos /
sentarse.
Ellos / tanto / decir /
permanecer / absorto /
manzanilla.
Cuatro / manzanilla /
perder / de golpe / deseo.
Ellos no desear más /
continuar / lado / como si /
verse / nunca.

D.

Después / atención /
fijarse / enjuto / guerrera.
Estar plantado / en medio
de / actitud.

Hombre / auparse /
escupir / agarrar / vaciar /
tirón.
Encarna / vigilar / hombre /
rabillo / mientras /
continuar.
Encarna / repetir /
Comisario / cerrar / bar /
hacerlo / bien.
Encarna / observar /
clientes / reprobación.
Furor / humanidad
ofendida / concentrarse /
azul.
Amigos / haber acabado /
muchacha / otras dos /
quinta y sexta.
Narrador / recordar /
amigos / cambiar / Julia /
tirar / sacudir.

E.
Legionario / discutir /
muchacha / Encarna /
haberse interpuesto.
Encarna / señalar /
música / impedir /
(ellos) decir.
Narrador / legionario /
gritar / ininteligible /
marcharse / portazo.
Encarna / volver /

legionario / Himno /
(ella) mandar / hacer
puñetas.
Encarna / haber dicho /
armar jaleo / largarse /
sitio.
Como si / legionario /
haber adivinado / empujar /
plantarse / umbral.
Ademán / empinar el codo /
beber / cambiar / voz
áspera / Himno.
Hacer más / doce años /
narrador / escuchar /
sentado / desfile.
Clientes / corear /
propósito / prolongación /
bromas / zascandiles.
Oír / Julia / haber
comenzado / inundarse.
Narrador / observar /
angustia almacenada /
tantos / espera /
evaporarse / estrofa.
Narrador / absorto /
parodia / darse cuenta /
matones / agarrar /
echar / calle.
Encarna / opinar /
españoles / de órdago /
haber hecho / guerra /
todo.

Discussion Topics

1. Ilustre usted con ejemplos textuales cómo produce Goytisolo
   un ambiente de terror creciente.

Por ejemplo, en la página . . .
Por ejemplo, el incidente en
que . . .

2. Diríjase usted a los ejemplos de alivio cómico. ¿Cuáles son?

3. Comente usted sobre el cambio que se nota entre los jóvenes estudiantes reunidos y cómo se consigue este cambio.

alcohol	progresivo	inducir
decaimiento	obediente	producir
resolución	conformista (*noun*	expresar
control	*or adjective*)	conformar(se) a
nacionalismo		entregar(se) a
conformismo		

4. Exprese usted una opinión sobre la idea central de esta selección.

dictadura	autoritario	indicar
dictador	fatalista (*noun or*	hacerle a uno
fatalismo	*adjective*)	saber, entender
resignación	conservador (*noun*	
conservador	*or adjective*)	
reaccionario	liberal	
	sobrentendido	
	izquierdista (*noun*	
	or adjective)	
	derechista (*noun*	
	or adjective)	

Ramón Sender

Ramón Sender is one of the foremost writers in Spain today. H. G. Wells has said that one must read Sender to understand Spain. His novels *El rey y la reina* and *Requiem for a Spanish Peasant* emphasize his concern with the political and social problems of contemporary Spain. Some of his other novels are: *La luna de los perros, Los cinco libros de Ariadna, El verdugo afable,* and *La llave.* Sender's more recent works, such as *Mexicayotl,* reflect a growing interest in North American Hispanic legend.

"El buitre" is from *Novelas ejemplares de Cíbola.* (*Cíbola* is the name given by the conquistadores to the regions of New Mexico and Arizona.) A vulture which represents the epitome of cowardice encounters a dead warrior and mocks the "glory" of man.

rompiente   break in the land
resbalar   to glide

disminuir   to diminish
colina   knoll, hill
ladera   slope

en racimo   in clusters   **disparos**   explosions
Además . . . se trataba de caza mayor.   Besides, at night big game hunting
   was good.

oso   bear

Oyó volar a un esparver   It heard a sparrow hawk flying

El buitre

Volaba entre las dos rompientes y le habría gustado ganar altura y sentir el sol en las alas, pero era más cómodo dejarse resbalar sobre la brisa.

Iba saliendo poco a poco al valle, allí donde la montaña disminuía hasta convertirse en una serie de pequeñas colinas. El buitre veía 5 abajo llanos grises y laderas verdes.

—Tengo hambre —se dijo.

La noche anterior había oído tiros. Unos aislados y otros juntos y en racimo. Cuando se oían disparos por la noche las sombras parecían decirle: "Alégrate, que mañana encontrarás carne muerta". Además 10 por la noche se trataba de caza mayor. Animales grandes: Un lobo o un oso y tal vez un hombre. Encontrar un hombre muerto era inusual y glorioso. Hacía años que no había comido carne humana, pero no olvidaba el sabor.

Si hallaba un hombre muerto era siempre cerca de un camino y el 15 buitre odiaba los caminos. Además no era fácil acercarse a un hombre muerto porque siempre había otros cerca, vigilando.

Oyó volar a un esparver sobre su cabeza. El buitre torció el cuello para mirarlo y golpeó el aire rítmicamente con sus alas para ganar

alejarse   to move away, gain distance

cuello pelado   bare neck, plucked of feathers   **Estás . . . caza.**   You're frightening away my prey.

lograrse   to get, obtain

lanzarse   to lurch, dart

despejado   clear

recelar (de)   to fear   **andar en dos patas**   to walk on two feet (paws)
    rayo   ray, bolt (refers to firearm)

en rebaño   in flocks
cañoneo   cannon shots, cannonade

zumbido   buzzing sound

duende   spirit, ghost

tragué   *preterit* **tragar,** to gulp down

rebasar   to sail past
arroyo   stream
barranco   gorge

velocidad y alejarse. Sus alas proyectaban una ancha sombra contra
la ladera del monte.

—Cuello pelado —dijo el esparver—. Estás espantándome la caza.
La sombra de tus alas pasa y repasa sobre la colina.

No contestaba el buitre porque comenzaba a sentirse viejo y la 5
autoridad entre las grandes aves se logra mejor con el silencio. El
buitre sentía la vejez en su estómago vacío que comenzaba a oler a la
carne muerta devorada muchos años antes.

Voló en círculo para orientarse y por fin se lanzó como una flecha
fuera del valle donde cazaba el esparver. Voló largamente en la 10
misma dirección. Era la hora primera de la mañana y por el lejano
horizonte había ruido de tormenta, a pesar de estar el cielo despejado.

—El hombre hace la guerra al hombre —se dijo.

Recelaba del animal humano que anda en dos patas y tiene el rayo
en la mano y lo dispara cuando quiere. Del hombre que lleva a veces 15
el fuego en la punta de los dedos y lo come. Lo que no comprendía
era que siendo tan poderoso el hombre anduviera siempre en grupo.
Las fieras suelen despreciar a los animales que van en rebaño.

Iba el buitre en la dirección del cañoneo lejano. A veces abría el
pico y el viento de la velocidad hacía vibrar su lengua y producía 20
extraños zumbidos en su cabeza. A pesar del hambre estaba contento
y trató de cantar:

> *Los duendes que vivían en aquel cuerpo*
> *estaban fríos, pero dormían*
> *y no se querían marchar.*
> *Yo los tragué* 25
> *y las plumas del cuello se me cayeron.*
> *¿Por qué los tragué si estaban fríos?*
> *Ah, es la ley de mis mayores.*

Rebasó lentamente una montaña y avanzó sobre otro valle, pero la 30
tierra estaba tan seca que cuando vio el pequeño arroyo en el fondo
del barranco se extrañó. Aquel valle debía estar muerto y acabado.
Sin embargo, el arroyo vivía.

En un rincón del valle había algunos cuadros que parecían verdes,

arbusto bush   **olfatear** to sniff at

ave de rapiña bird of prey   **clavada** nailed
le pasaba . . . costillas passed through (between) its ribs
escarmentar to ward off

lagarto lizard

remontarse to rise, climb higher

estrellarse contra to hit, crash against
barrera de roca rock structure

combar to bend
cimera apical, top

pero cuando el sol los alcanzaba se veía que eran grises también y color ceniza. Examinaba el buitre una por una las sombras de las depresiones, de los arbustos, de los árboles. Olfateaba el aire, también, aunque sabía que a aquella altura no percibiría los olores. Es decir, sólo llegaba el olor del humo lejano. No quería batir sus alas 5 y esperó que una corriente contraria llegara y lo levantara un poco. Siguió resbalando en el aire haciendo un ancho círculo. Vio dos pequeñas cabañas. De las chimeneas no salía humo. Cuando en el horizonte hay cañones las chimeneas de las casas campesinas no echan humo. 10

Las puertas estaban cerradas. En una de ellas, en la del corral, había una ave de rapiña clavada por el pecho. Clavada en la puerta con un largo clavo que le pasaba entre las costillas. El buitre comprobó que era un esparver. Los campesinos hacen eso para escarmentar a las aves de presa y alejarlas de sus gallineros. Aunque el buitre 15 odiaba a los esparveres, no se alegró de aquel espectáculo. Los esparveres cazan aves vivas y están en su derecho.

Aquel valle estaba limpio. Nada había, ni un triste lagarto muerto. Vio correr un *chipmunk* siempre apresurado y olvidando siempre la causa de su prisa. El buitre no cazaba, no mataba. Aquel *chipmunk* 20 ridículamente excitado sería una bueña presa para el esparver cuando lo viera.

Quería volar al siguiente valle, pero sin necesidad de remontarse y buscaba en la cortina de roca, alguna abertura por donde pasar. A aquella hora del día siempre estaba cansado, pero la esperanza de 25 hallar comida le daba energías. Era viejo. Temía que le sucediera como a otro buitre, que en su vejez se estrelló un día contra una barrera de rocas.

Halló por fin la brecha en la montaña y se lanzó por ella batiendo las alas: 30

—Ahora, ahora . . .

Se dijo: "No soy tan viejo". Para probárselo combó el ala derecha y resbaló sobre la izquierda sin miedo a las altas rocas cimeras. Le habría gustado que le viera el esparver. Y trató de cantar:

tenía el hogar apagado   its fireplace was unlit

plomo   lead   **dorarse**   to turn gold colored

brazos abiertos   arms spread out   **estirada**   extended
  encogida   pulled in

incendiar   to set fire to

arista   edge
fragor   noise   **aletear**   to flap wings
se puso a volar   it began to fly

La luna tiene un cuchillo
para hacer a los muertos
una cruz en la frente.
Por el día lo esconde
en el fondo de las lagunas azules.   5

La brecha daba acceso a otro valle que parecía más hondo. Aunque el buitre no se había remontado, se sentía más alto sobre la tierra. Era agradable porque podía ir a cualquier lugar de aquel valle sin más que resbalar un poco sobre su ala. En aquel valle se oía mejor el ruido de los cañones.   10
También se veía una casa y lo mismo que las anteriores tenía el hogar apagado y la chimenea sin humo. Las nubes del horizonte eran color de plomo, pero en lo alto se doraban con el sol. El buitre descendió un poco. Le gustaba la soledad y el silencio del valle. En el cielo no había ningún otro pájaro. Todos huían cuando se oía el 15 cañón, todos menos los buitres. Y veía su propia sombra pasando y volviendo a pasar sobre la ladera.
Con la brisa llegó un olor que el buitre reconocía entre mil. Un olor dulce y acre:
—El hombre.   20
Allí estaba el hombre. Veía el buitre un hombre inmóvil, caído en la tierra, con los brazos abiertos, una pierna estirada y otra encogida. Se dejó caer verticalmente, pero mucho antes de llegar al suelo volvió a abrir las alas y se quedó flotando en el aire. El buitre tenía miedo.
—¿Qué haces ahí?   25
Lo observaba, miraba su vientre, su rostro, sus manos y no se decidía a bajar.
—Tú, el rey de los animales, que matas a tu hermano e incendias el bosque, tú el invencible. ¿Estás de veras muerto?
Contestaba el valle con el silencio. La brisa producía un rumor 30 metálico en las aristas del pico entreabierto. Del horizonte llegaba el fragor de los cañones. El buitre comenzó a aletear y a subir en el aire, esta vez sin fatiga. Se puso a volar en un ancho círculo alrededor del cuerpo del hombre. El olor le advertía que aquel cuerpo estaba

en aquellas ... creerlo   in such a vulnerable condition that it (the vulture) could scarcely believe it

desmochado   with the tops cut off

barranco   ravine, gorge   **arroyo alguno**   a single stream

se contuvo   *preterit* **contenerse,** to control, refrain oneself

Cada vuelta ... cerrada.   Each circle brought him a little closer.
hedor   stench

costado   side

bota   boot

erizarse   to bristle, stand up

bronca   rough, harsh
El buitre ... oídos.   The vulture felt them in his stomach before he heard them.

muerto, pero era tan difícil encontrar un hombre en aquellas condiciones de vencimiento y derrota, que no acababa de creerlo.

Subió más alto, vigilando las distancias. Nadie. No había nadie en todo el valle. Y la tierra parecía también gris y muerta como el hombre. Algunos árboles desmochados y sin hojas mostraban sus ramas 5 quebradas. El valle parecía no haber sido nunca habitado. Había un barranco, pero en el fondo no se veía arroyo alguno.

—Nadie.

Con los ojos en el hombre caído volvió a bajar. Mucho antes de llegar a tierra se contuvo. No había que fiarse de aquella mano 10 amarilla y quieta. El buitre seguía mirando al muerto:

—Hombre caído, conozco tu verdad que es una mentira inmensa. Levántate, dime si estás vivo o no. Muévete y yo me iré de aquí y buscaré otro valle.

El buitre pensaba: "No hay un animal que crea en el hombre. 15 Nadie puede decir si el palo que el hombre lleva en la mano es para apoyarse en él o para disparar el rayo. Podría ser que aquel hombre estuviera muerto. Podría ser que no".

Cada vuelta alrededor se hacía un poco más cerrada. A aquella distancia el hedor—la fragancia—era irresistible. Bajó un poco más. El 20 cuerpo del hombre seguía quieto, pero las sombras se movían. En las depresiones del cuerpo en uno de los costados, debajo del cabello, había sombras sospechosas.

—Todo lo dominas tú, si estás vivo. Pero si estás muerto has perdido tu poder y me perteneces. Eres mío. 25

Descendió un poco más, en espiral. Algo en la mano del hombre parecía moverse. Las sombras cambiaban de posición cerca de los brazos, de las botas. También las de la boca y la nariz, que eran sombras muy pequeñas. Volaba el animal cuidadosamente.

—Cuando muere un ave —dijo— las plumas se le erizan. 30

Y miraba los dedos de las manos, el cabello, sin encontrar traza alguna que le convenciera.

—Vamos, mueve tu mano. ¿De veras no puedes mover una mano?

El fragor de los cañones llegaba de la lejanía en olas broncas y tembladoras. El buitre las sentía antes en el estómago que en los 35

anclado   anchored
plegar   to fold
vientre   underbelly
ladear la cabeza   to turn the head to one side

mugidor   carrying a roaring sound   **ceniza**   ash
   hacía doblarse... seca   made the dry weeds bend over completely

descubierta   open

yacer   to lie   **claro**   clearing   **debía estar acabado**   was probably dead

inyectado en sangre   bloodshot

remolino   whirl, whirlwind

trepar   to climb
entreabrir   to half open   **rascarse**   to scatch oneself

oídos. El viento movió algo en la cabeza del hombre: el pelo. Volvió
a subir el buitre, alarmado. Cuando se dio cuenta de que había sido
el viento decidió posarse en algún lugar próximo para hacer sus
observaciones desde un punto fijo. Fue a una pequeña agrupación de
rocas que parecían un barco anclado y se dejó caer despacio. Cuando   5
se sintió en la tierra plegó las alas. Sabiéndose seguro alzó la pata
izquierda para calentársela contra las plumas del vientre y respiró
hondo. Luego ladeó la cabeza y miró al hombre con un ojo mientras
cerraba el otro con voluptuosidad.

—Ahora veré si las sombras te protegen o no.   10

El viento que llegaba lento y mugidor traía ceniza fría y hacía
doblarse sobre sí misma la hierba seca. El pelo del hombre era del
mismo color del polvo que cubría los arbustos. La brisa entraba en
el cuerpo del buitre como en un viejo fuelle.

Si es que comes del hombre ten cuidado   15
que sea en tierra firme y descubierta.

Recordaba que la última vez que comió carne humana había tenido
miedo, también. Se avergonzaba de su propio miedo él, un viejo
buitre. Pero la vida es así. En aquel momento comprendía que el
hombre que yacía en medio de un claro de arbustos debía estar   20
acabado. Sus sombras no se movían.

—Hola, hola, grita, di algo.

Hizo descansar su pata izquierda en la roca y alzó la derecha para
calentarla también en las plumas.

—¿Viste anoche la luna? Era redonda y amarilla.   25

Ladeaba la cabeza y miraba al muerto con un solo ojo inyectado en
sangre. La brisa recogía el polvo que había en las rocas y hacía con
él un lindo remolino. El ruido de los cañones se alejaba. "La guerra
se va al valle próximo".

Miró las rocas de encima y vio que la más alta estaba bañada en   30
sol amarillo. Fue trepando despacio hasta alcanzarla y se instaló en
ella. Entreabrió las alas, se rascó con el pico en un hombro, apartó
las plumas del pecho para que el sol le llegara a la piel y alzando la

redoble roll   **tambor** drum
hacia ninguna parte aimlessly
de dar . . . juventud to show the extent of his youth
melena mane
grupa rump   **estremecer** to tremble
llanura plain

vuelo pausado slow flight   **frenar** to halt   **alzar** to lift

más seguro de sí more self-assured, confident

Más cerca . . . eso sí. Closer than the last (stone), that's certain.

sacudido shaken, made to shake

desgarrado torn

de medio lado half turned

cabeza otra vez, se quedó mirando con un solo ojo. Alrededor del hombre la tierra era firme—sin barro ni arena—y estaba descubierta.

Escuchaba. En aquella soledad cualquier ruido—un ruido de agua entre las rocas, una piedrecita desprendida bajo la pata de un lagarto —tenía una resonancia mayor. Pero había un ruido que lo dominaba ₅ todo. No llegaba por el aire sino por la tierra y a veces parecía el redoble de un tambor lejano. Apareció un caballo corriendo.

Un caballo blanco y joven. Estaba herido y corría hacia ninguna parte tratando sólo de dar la medida de su juventud antes de morir, como una protesta. Veía el buitre su melena blanca ondulando en el ₁₀ aire y la grupa estremecida. Pasó el caballo, se asustó al ver al hombre caído y desapareció por el otro extremo de la llanura.

El valle parecía olvidado. "Sólo ese caballo y yo hemos visto al hombre". El buitre se dejó caer con las alas abiertas y fue hacia el muerto en un vuelo pausado. Antes de llegar frenó con la cola, alzó ₁₅ su pecho y se dejó caer en la tierra. Sin atreverse a mirar al hombre retrocedió, porque estaba seguro de que se había acercado demasiado. La prisa unida a cierta solemnidad le daban una apariencia grotesca. El buitre era ridículo en la tierra. Subió a una pequeña roca y se volvió a mirar al hombre. ₂₀

—Tu caballo se ha escapado. ¿Por qué no vas a buscarlo?

Bajó de la roca, se acercó al muerto y cuando creía que estaba más seguro de sí un impulso extraño le obligó a tomar otra dirección y subir sobre otra piedra. Más cerca que la anterior, eso sí.

—¿Muerto? ₂₅

Volvían a oírse explosiones lejanas. Eran tan fuertes que los insectos volando cerca del buitre eran sacudidos en el aire. Volvió a bajar de la piedra y a caminar alrededor del cuerpo inmóvil que parecía esperarle. Tenía el hombre las vestiduras desgarradas, una rodilla y parte del pecho estaban descubiertos y el cuello y los brazos ₃₀ desnudos. La descomposición había inflamado la cara y el vientre. Se acercó dos pasos con la cabeza de medio lado, vigilante. El cabello era del color de las hierbas quemadas. Quería acercarse más, pero no podía.

La derecha ... garra. The right (hand) clutched at the earth like a claw.

nuca   nape, scruff of the neck
mancha   spot, stain

pico   edge, corner
lonas desplegadas   flapping canvas
Se quedó ... alrededor.   It continued circling around.

orlada   bordered
hilera   row

águila   eagle

larvas   larvae   **párpado inferior**   lower lid

podredumbre   decomposition
rozar   to touch lightly

pisar   to step on

hebilla   buckle

Miraba las manos. La derecha se clavaba en la tierra como una garra. La otra se escondía bajo la espalda. Buscaba en vano el buitre la expresión de los ojos.

—Si estuvieras vivo habrías ido a buscar tu caballo y no me esperarías a mí. Un caballo es más útil que un buitre, digo yo. El hombre caído entre las piedras era una roca más. Su pelo bajo la nuca parecía muy largo, pero en realidad no era pelo, sino una mancha de sangre en la tierra. El buitre iba y venía en cortos pasos de danza mientras sus ojos y su cabeza pelada avanzaban hacia el muerto. El viento levantó el pico de la chaqueta del hombre y el buitre saltó al aire sacudiendo sus alas con un ruido de lonas desplegadas. Se quedó describiendo círculos alrededor. El hedor parecía sostenerlo en el aire.

Entonces vio el buitre que la sombra de la boca estaba orlada por dos hileras de dientes. La cara era ancha y la parte inferior estaba cubierta por una sombra azul.

El sol iba subiendo, lento y amarillo, sobre una cortina lejana de montes.

Bajó otra vez con un movimiento que había aprendido de las águilas, pero se quedó todavía en el aire encima del cuerpo y fuera del alcance de sus manos. Y miraba. Algo en el rostro se movía. No eran sombras ni era el viento. Eran larvas vivas. Salían del párpado inferior y bajaban por la mejilla.

—¿Lloras, hijo del hombre? ¿Cómo es que tu boca se ríe y tus ojos lloran y tus lágrimas están vivas?

Al calor del sol se animaba la podredumbre. El buitre se dijo: "Tal vez si lo toco despertara". Se dejó caer hasta rozarlo con un ala y volvió a remontarse. Viendo que el hombre seguía inmóvil bajó y fue a posarse a una distancia muy corta. Quería acercarse más, subir encima de su vientre, pero no se atrevía. Ni siquiera se atrevía a pisar la sombra de sus botas.

El sol cubría ya todo el valle. Había trepado por los pantalones del muerto, se detuvo un momento en la hebilla de metal del cinturón y ahora iluminaba de lleno la cara del hombre. Entraba incluso en las narices cuya sombra interior se retiraba más adentro.

vidrioso   glassy

ronquido   rattling sound

¿Ya te atreves ... frente?   Finally you dare to look straight at the light?

Completamente abiertos, los ojos del hombre estaban llenos de luz. El sol iluminaba las retinas vidriosas. Cuando el buitre lo vio saltó sobre su pecho diciendo:

—Ahora, ahora.

El peso del animal en el pecho hizo salir aire de los pulmones y ⁵ el muerto produjo un ronquido. El buitre dijo:

—Inútil, hijo del hombre. Ronca, grita, llora. Todo es inútil.

Y ladeando la cabeza y mirándolo a los ojos añadió:

—El hombre puede mirar al sol de frente.

En las retinas del muerto había paisajes en miniatura llenos de 10 reposo y de sabiduría. Encima lucía el sol.

—¿Ya la miras? ¿Ya te atreves a mirar la luz de frente?

A lo lejos se oían los cañones.

—Demasido tarde, hijo del hombre.

Y comenzó a devorarlo.   15

Conversational Cues

NOTE: *It is recommended that before beginning this exercise the students be assigned a written drill in which they develop the conversational cues into complete sentences. Then, the cues alone may be used as a basis for class discussion.*

A.

Buitre / volar /
rompientes / haber gustado /
altura / más cómodo /
resbalar / brisa.
Ir saliendo / valle.
Ver / llanos / laderas.
"Hambre" / decirse.
Noche anterior / tiros.
Sombras / parecerle decir:
"Alégrate / mañana /
carne."

Encontrar / hombre muerto /
inusual.
Hacer años / no haber
comido / no olvidar / sabor.
No / fácil / acercarse /
muerto / siempre / otros /
vigilar.
Oír volar / esparver /
cabeza.
Golpear / aire / ganar /
alejarse.

"Cuello pelado" /
decir / "espantarme /
caza."
"Sombra / alas / pasar /
colina."
No contestar / sentirse
viejo / autoridad / grandes
aves / lograrse / silencio.
Lanzarse / flecha / valle /
cazar / esparver.

B.

Hora primera / mañana /
horizonte / ruido /
tormenta.
"Hombre / hacer guerra /
hombre" / decirse.
Lo que / no comprender /
hombre / poderoso /
andar / grupo; / fieras /
despreciar / animales / en
rebaño.
A pesar de / hambre /
buitre / contento / cantar.
Seguir / resbalar / hacer /
círculo.
Ver / dos / cabañas /
chimeneas / no salir / humo.
Haber — cañones /
chimeneas / no echar humo.
Puertas / carradas / la del /
corral / haber / ave de
rapiña / clavar.
Campesinos / escarmentar /
aves de presa / gallineros.
Aquel valle / limpio.
Nada / haber / ni /
lagarto.
Ver / correr / *chipmunk* /
pero / buitre / no matar.
Ser / presa / cuando /
esparver / verlo.

C.

Aquella hora / cansado /
esperanza / hallar / darle /
energías.
Querer volar / siguiente.
Hallar / fin / brecha /
lanzarse.
Brechas / dar acceso /
otro / más hondo.
Aquel / oírse mejor /
ruido / cañones.
Cielo / no haber / pájaro /
porque / huir / oírse /
cañón / menos / buitre.
Con / brisa / llegar / olor /
reconocer / entre mil.
Ser / dulce / acre / hedor /
hombre muerto.
Ver / hombre / inmóvil /
caído / brazos / una
pierna – / otra –.
Buitre / observarlo /
mirar / vientre / rostro /
manos / decidirse / bajar.
Ponerse / volar / círculo /
alrededor / cuerpo.
Olor / advertir / cuerpo /
muerto / pero / no acabar /
creer.
Subir / vigilar / distancias /
nadie / valle; / parecer /
nunca habitado.
Volver a bajar / antes /
llegar / contenerse.

D.

Cada vuelta / hacerse /
más cerrada / bajar / poco
más.
Descender / poco más /
espiral / pero / volar /
cuidadosamente.

Fragor / cañones /
llegar / lejanía / olas.
Viento / mover /algo /
cabeza / hombre: / pelo /
buitre / volver a subir.
Darse cuenta / viento /
decidir / posarse / lugar
próximo.
Ir / agrupación / rocas /
hacer observaciones / punto
fijo.
Recordar / última vez /
comer / carne / tener
miedo / avergonzarse /
propio miedo.
Ruido / cañones / alejarse /
guerra / ir / próximo valle.
Roca de encima / bañada /
sol / ir trepando /
alcanzarla / instalarse.
Alrededor / hombre /
tierra / firme / descubierta.
Buitre / escuchar / ruido /
como / tambor, / aparecer /
caballo.

E.

Caballo / blanco / joven /
herido / asustarse / ver /
hombre caído.
Desaparecer / extremo /
llanura.
Buitre / dejarse caer / alas
abiertas / ir hacia / vuelo
pausado.
Antes / llegar / frenar /
porque / seguro / acercarse
demasiado.
Acercarse / dos pasos /
cabeza / medio lado /
mirar / manos / hombre.
Viento / levantar / pico /

chaqueta / buitre / saltar /
aire.
Entonces / ver / boca /
dientes / como si /
hombre / reír.
Quedarse / aire / encima /
cuerpo.
Algo / rostro / moverse.
No / sombras / ni viento /
sino / larvas / salir /
párpado inferior.
Buitre / pensar: / "¿Cómo /
tu boca / reírse / ojos /
llorar / lágrimas vivas?"
Dejarse caer / rozar / ala /
volver a remontarse.
Hombre / seguir / inmóvil /
buitre / bajar / posarse /
distancia corta.
Sol / trepar / iluminar /
cara.
Iluminar / retinas /
cuando / buitre / ver /
saltar / pecho / hombre.
Peso / animal / pecho /
hacer salir / aire /
pulmones / muerto /
producir / ronquido.
Buitre / decir: / "Inútil /
roncar (tú) / gritar (tú) /
llorar (tú). / Todo / inútil."
Retinas / muerto / haber /
paisajes / miniatura.
Encima / lucir / sol.
Buitre / decir: / "¿ Ya /
atreverse / mirar / luz /
de frente?"
A lo lejos / oírse /
cañones.
Buitre / comenzar /
devorarlo.

Discussion Topics

1. Discútanse los elementos de fábula en "El buitre".
2. ¿Quién narra? Le parece a usted la forma más eficaz? Explíquese.
3. Compare usted los rasgos personales del buitre y los que apunta el buitre del hombre. ¿Los dos son semejantes o distintos?
4. Intente usted formular un tema central para esta selección.

Vocabulary

In most cases both the dictionary meaning and the textual variants have been noted in the vocabulary with preference given to the latter. Ambiguous genders have also been noted. Only the masculine form of adjectives is given.

Abbreviations used in the book are as follows:

adj	adjective
adv	adverb
conj	conjunction
f	feminine
imp	imperative
inf	infinitive
m	masculine
n	noun
pp	past participle
pron	pronoun

abanico   fan
abertura   opening
aborrecer   to abhor, loathe
abrasilerado *pp*   having Brazilian qualities
abrir   to open
abstracción *fn*   abstraction
abuelo   grandfather
abultado *pp*   heavy, bulky
acabar   to finish; **acabar de** + *inf* to have just

acceder   to accede, agree to
acceso   access
aceite *mn*   oil
aceptar   to accept
acera   sidewalk
acercarse   to approach
acertar   to be right, hit the mark
aclamado *pp*   applauded, praised
aclamar   to praise, applaud
acodar   to lean the elbow upon
aconsejar   to advise, prescribe

acordarse   to remember
acoralar   to corner
acosar   to vex
acostar   to put to bed; **acostarse**   to go to bed
acreedor   creditor
acto   act
actuar   to act, put something into action
acuciante *adj*   pressing
acudir   to attend, be present
adelantado *pp*   anticipated; **por adelantado**   in advance, beforehand
adelantar   to progress, advance, anticipate
adelante   ahead, in advance
ademán *mn*   gesture; **hacer de ademán**   to start to, make the initial motions (to)
adentro: mar adentro   into the sea
adestrar   to teach, train
adiestrado *pp*   trained
adquirir   to acquire
advertir   to notice, warn, advise
afamado *pp*   noted, famous
afamar   to make famous
afeitar   to shave; **afeitarse**   to shave oneself
afirmar   to affirm
afrentar   to affront, insult
agarrar   to seize, grasp; **agarrarse**   to cling, hold on
agitado *pp*   stirred up, moved
agitar   to stir up, agitate
agonizar   to be dying
agotar   to exhaust, use up
agregar   to add, say in addition
agrietado *pp*   cracked
agrietarse   to crack, become cracked
agua *fn*   water
aguada   water supply, waterway
aguantar   to endure, bear; **aguantarse**   to be silent, restrain oneself
aguardar   to expect, wait for

agujereado *pp*   pierced, perforated
agujerear   to pierce, perforate
ahorcar   to hang, kill by hanging
ahumado *pp*   smoked; **gafas ahumadas**   dark glasses
ahumar   to smoke, emit smoke
aire *mn*   air
ajar   to disfigure, rumple, spoil
ala   wing
alabanza   praise
alba   dawn
alboroto   rumpus, noise
alcalde *mn*   mayor
alcanzar   to reach
alcohol *mn*   alcohol
alegría   happiness, joy
alejar   to remove; **alejarse**   to move away, withdraw
aleta   fin
aletear   to flutter; **aletear en torno**   to hover around
alfanje *mn*   cutlass
alfombra   carpet
algo *pron*   something, anything; *adv*   somewhat
alguno *adj*   some, any (of those previously mentioned)
alma *fn*   soul
alondra   lark
alrededor *adv*   around, about; **alrededor de**   around
alto   tall
altura   height
alucinación *fn*   hallucination
alumno   student
alusión *fn*   allusion
allá *adv*   there; **¡allá usted!**   you are on your own, that is up to you now
allí   there
amada   girlfriend, loved one
amagar   to threaten, make a threatening motion
amainar   to abate, let up
amanecer   to dawn
amante *mn*   lover
amar   to love

ámbar *mn* amber; **boquilla de ámbar** amber cigarette holder
ambiente *mn* atmosphere, environment
ambigüedad *fn* ambiguity; **ambiguio** ambiguous
amenazar to threaten, warn
amplio ample, extensive, large
anacoreta *mn* hermit
andante *adj* walking, wandering; **caballero andante** knight-errant
andar to walk
angina inflammation of the throat, tonsil
anguila eel
animoso brave, spirited
aniquilar to annihilate, overcome
ante before, in the presence of
anterior *adj* previous, before
antes before; **antes de** + *inf* or *n* before
antipático repugnant, unfriendly
añadir to add
año year; **año más año menos** give or take a year
añorar to recall with sadness or nostalgia
apagado *pp* turned off, extinguished
aparecer to appear
apartado *pp* distant
apasionadamente passionately
apodíctico indisputable
aposento room, temporary habitation
apoyar to lean, rest; **apoyarse en** to lean on
aprehendido *pp* seized, arrested
aprobar to approve, give a passing grade
aproximarse to move, come near
apuesta bet
apurar to gulp, finish off
aquel, aquella *adj* that; *pron* that one
aquello *neuter pron* that (matter)
árbol *mn* tree

armar to arm; **armar un alboroto** to raise a rumpus
aroma aroma, scent
arrancar to pull out
arrastrar to drag
arredrar to frighten; **arredrarse** become frightened, withdraw
arrestar to arrest
arribar to arrive at, reach
arrobado *pp* enraptured, transported
arrobar to enrapture; **arrobarse** to be enraptured
arroyo stream, brook
arroz rice
arrugar to wrinkle
articular to articulate
ascensor elevator
asegurar to assure, be certain
así thus, so
asignatura academic course or subject
asistente *mn* assistant
asomar to begin to appear; **asomarse** to appear, lean out
asombrar to astonish
aspirar to aspire, anticipate; **aspirar a nota** to expect, try for a (higher) grade
asunto subject matter, affair, business
asustar to frighten; **asustarse** to be or become frightened
atacar to attack
atrapar to overtake, catch
atravesar to cross
atrevimiento daring, audacity
atronar to thunder
aturdir to stun; **aturdirse** to be stunned
audiencia audience, hearing; a type of high court and its jurisdiction
augur augurer, one who foretells or predicts
aumentar to intensify, enlarge
aun, aún even, yet, still
aunque even though, although

aupar to help to get up; **aupar los pantalones** to pull up one's pants, or roll up the pant-legs
áuriga, auriga coachman
avanzar to advance, go forward
ave *fn* bird; **ave de rapiña** bird of prey
aventura adventure
ayudar to help
azorado *pp* terrified
azorar to terrify, excite

bachillerato bachelor's degree
bailar to dance
bajo *adv* beneath, below; *adj* small, short
balbucear, balbucir to stammer, hesitate
ballena whale
bando group, outfit (military)
bar *mn* bar
barberón barber
barra *fn* bar railing
barranco ravine, gorge
barrer to sweep, rake up
barrio a section of a town, district
bastante *adv* enough; *adj* enough, rather
batir to beat; **batirse** to fight
beber to drink
bebida *fn* drink
bello beautiful, pretty
bendecir to bless
bendito *adj* blessed
benevolencia benevolence, goodness
bestia beast; **mala bestia** evil beast, brute
besugo sea bream, red gilthead
Biblia Bible
bíblico, –a biblical
biblioteca library
bicarbonato bicarbonate
bienes *mn* possessions
bigote *mn* moustache
blanco white

blanquecino whitish
blasfemar to blaspheme, curse
boina beret
bolsillo pocket
bomba bomb
bonito pretty
boquilla cigarette holder; **boquilla de ambar** amber cigarette holder
borde *mn* edge
borracho, –a drunk, inebriated; *n* drunkard; **estar borracho** to be drunk, inebriated
bote *mn* canister, pot, jar
botella bottle
bóveda roof, arch, vault; **bóveda palatina** roof of the mouth, palate
brazo arm
brecha opening, breach
breve *adj* brief, short
brevedad brevity, briefness
brillar to shine, glisten
brisa breeze
broma joke
bronco rough, harsh
brotar to come forth
bruja witch
brusco rude; **bruscamente** rudely
buey *mn* ox
bufanda scarf
buitre vulture
buscar to look for
búsqueda *fn* search

caballero knight, gentleman; **caballero errante** knight errant
caballo horse
cabeza head
cabo extreme, extremity, end, tip; **de cabo a rabo** from head to foot
cada each; **cada vez más** more and more
cadena chain; **torpe cadena** awkward sequence
caer to fall; **caer a pedazos** to fall into shreds, pieces

caída *fn* fall; **a la caída de la tarde** in the late afternoon

caja box

calabozo cell, jail

calor heat

calva *fn* bald spot

calvo bald

callado *pp* silent

callar to silence; **callarse** to be, remain silent

calle *fn* street

callejero loitering, pertaining to the street, streetlike

callicida corn plasters

cambiar to change; **cambiar de aires** to go away

cambio change; **en cambio** on the other hand

caminar to walk, stroll

camino road

camisa shirt

campamento camp, encampment

campana bell

campo field

canción *fn* song

cansado *pp* tired

cansarse to become tired

cañón *mn* cannon

cañoneo cannonade

capaz *adj* capable; **ser capaz de** to be capable of

capítulo chapter

cápsula capsule

cara face

carácter *mn* character

característica *fn* characteristic

carcajada outburst of laughter; **reírse a carcajadas** to roar with laughter

cárcel *fn* jail, prison

cargar to burden, laden with; **cargado de** heavy with, laden with

cargo position, job

caricatura caricature

caricaturesco, –a caricatural

caricia caress

carne *fn* meat, flesh; **de carne y hueso** flesh and blood

carnero lamb

carnoso fleshy

carraspero *mn* hoarseness

cartelito placard

cartomancia fortune telling by use of playing cards

casa house

casi almost; **casi lo mejor si** the best thing to do if

caso case, instance; **hacer caso** to pay attention

castigar to punish

Castilla la Vieja Old Castille (Northern Spain)

casualidad chance, accident; **por casualidad** by chance, accident

¡cataplum! bang! boom!

catarata waterfall

catedrático professor

causa cause; **a causa de** because of

cavernoso cavernous, hollow-sounding

caza hunt

cegar to close, block, blind

celo zeal, dedication

cena supper

ceniza ash

ceniciento ashen, grayish

centena hundred

centenar hundred; **a centenares** by (the) hundreds

cepillar to brush; **pino sin cepillar** unplaned pine

cerca near; **cerca de** + *n* near

cerrar to close

cicatriz *fn* scar

ciego *adj* blind; *mfn* blind man or woman

cielo sky

cien: ciento

ciénaga moor, marsh

ciento one hundred

cierre period of closure

cierto   certain, a certain
cigarrillo   cigarette
cimero   uppermost, topmost
cimitarra   scimitar, a short curved
  sword
cinco   five
cincuenta   fifty
cine *mn*   movies
cintura   waist; **cinturón** *mn*   belt
círculo   circle; **círculos gubernati-**
  vos   government circles
circunstancia   circumstance
ciudad *fn*   city
claro   clear
cláusula   clause
clavar   to stick, thrust; **clavarse**   to
  pierce; **clavarse una multa**   to
  issue a fine
cliente   customer, client
clisé *mn*   cliché, stereotype
cobardía   cowardice
cobrar   to charge (money)
coche *mn*   car, coach; **coche celular**
  paddy wagon
cochino *mn*   hog, pig; *adj*   filthy,
  dirty
codo   elbow
coger   to grasp, catch, get
cogote   back of the neck; **cogote**
  recto   straight-necked
coincidir   to coincide
cola   tail
colega   colleague
colérico   angry
colgado *pp*   hung; **dejar colgado**
  to leave, abandon
colgar   to hang, hang up
colina   hill, knoll
colmado *mn*   specialty restaurant
  (usually seafood)
colocado *pp*   placed, in place
colocar   to place; **colocarse**   to
  take a place, be placed
combar   to bend, twist; **combarse**
  to warp, sag
combatir   to combat

comedor *mn*   dining room
comentario   commentary, comment
comer   to eat
como   as, like, since; ¿**cómo**?
  how? what?
comparar   to compare
complejidad *fn*   complexity
comprar   to buy
comprender   to understand
comprometer   to compromise, endanger, bind; **comprometerse**   to
  promise, bind oneself
común *adj*   common; **común y**
  corriente   average, commonplace
comunista *mfn*   communist
con   with
concentrado *pp*   concentrated
concentrar   to concentrate
conciencia   consciousness,
  conscience
concluir   to conclude
concreto   concrete
concurso   contest
condenado *pp*   condemned; *mfn*
  condemned person
condenar   to condemn
confeccionar   to make, put together,
  prepare
confesión   confession
configurar   to shape, form
conflicto   conflict
conformarse (con)   to accept, be
  content with
confuso   confused, bewildered
congelar   to freeze; **congelarse**   to
  be, become frozen
congraciar   to flatter; **congraciarse**
  con   to get into one's good
  graces
congratular   congratulate
conminar   to threaten
conmover   to move, touch
  (emotionally)
conseguir   to get, obtain
considerar   to consider, think
consigna   watchword, password

constituir: (1 sing constituyo) to constitute, form

contar to relate, tell, count (numerically)

contener: (1 sing contengo) to contain, comprise

contenido contents

contestar to answer

continuado *pp* continued

continuar to continue

contonearse to strut

contra against

contradecir to contradict

contrario opposite, contrary; al contrario on the contrary

convencer to convince

convencido *pp* convinced; estar convencido de que ... to be convinced that

convenir to be convenient; convenirle a uno to suit one's interests, suit one

convento convent

converger to converge, meet

conversar to converse

copa small glass, wine glass

copla popular song

copo small bundle of hemp, cotton

cordero lamb

corear to join in a chorus

coro choir, chorus; en coro altogether

corredor *mn* corridor

correr to run

corriente *fn* current

cortina curtain, shade

corto short, brief

corvo, curvo, –a curved, rounded, bent, arched

cosa thing

costado *mn* side, rib

costar to cost

creación *fn* creation

creador *mn* creator

crédito credit; dar crédito to believe, give credence to

creer to believe

crepúsculo twilight, dusk, dawn

cruzar to cross

cuajar to materialize, thicken, turn out well

cual, cuales which, which one, as

cualquier *adj* and *pron* any, whatever, anyone

cuando when

cuanto *adj* and *pron* as much as, as many as, all that; en cuanto as soon as; unos cuantos a few; ¿cuánto? how much?

cuarenta forty

cuarterón the upper shutter of a window

cuarto room

cuarto *adj* fourth

cuatro four

cubrir to cover

cuchilla mountain ridge

cuello neck

cuento story

cuerpo body

cuestión *fn* a subject for discussion or dispute, problem

cueva cave

cuidado! careful!, look out!

cuidar to look out for, care for; cuidarse to be careful

culpa blame

cumplir to fulfill, comply with

curación cure

curandero medicine man, quack

curar to cure

curso course, school year

cuyo *adj* whose

charlar to chat

chico, chica *mfn* young boy, young girl; *adj* small

chófer chauffeur, driver

chorizo pork sausage

churrera a woman who bakes *churros*

churro a type of fritter or cruller

dama lady
dar to give; **dar con** to run across, encounter; **dar ejemplos** to give or offer examples; **dar en** to take to; **dar un portazo** to slam the door; **dar zapatetas** to jump, leap with joy; **darse cuenta de** to realize
dardo dart
de of, from
deber *mn* obligation
debidamente duly
débil weak
debilidad weakness
decaimiento decline, decay, weakness
decidir to decide; **decidirse** to decide
décimo tenth
decir to say, tell; **no decir más de aquello** to say nothing more about that (matter)
decirse to claim to be
declaración *fn* declaration, interpretation
declarar to declare, make known
decoro decorum, propriety, dignity; **por decoro** for appearance sake
dedicar to dedicate
dedo finger
dejar to leave; **dejar colgado** to be left with; **dejar iniciar por** to begin with, take up with; **dejarle sentir a uno** to lead one to believe; **dejar plantado** to walk out on (someone) ; **dejar suspendido** to leave suspended, in suspense
delante ahead; **para delante** ahead
delator informer
delfín dolphin
delinear to delineate, describe, sketch
demás *mn* rest, others
demasiado too much
demente demented, mad

demostrar to demonstrate, show
demudarse to change color or expression
dentro within, inside
denunciar to denounce
departamento section, department
derechista *mfn* rightist
derecho right; **a la derecha** on the right
derramar to scatter, pour out
derredor circumference, circuit; **en derredor** about, around
derrumbado *pp* sunk downward, thrown down; **derrumbado de bruces** fallen on one's face
derrumbar to throw down, to fell
desabotonar to unbutton
desafiante *adj* defiant
desahogo unburdening of one's troubles
desaparecer to disappear
desarrollar to develop
desarrollo development, unfolding
desatar to loosen, untie
desavío deviation, going astray
desbandar to disband
desbarbar to trim, to cut off filaments from
descabellado absurd, preposterous
descansar to rest
descarga discharge, unloading
descender to descend
descifrar to decipher, make out
desconocer to be unacquainted with
descontento *adj* dissatisfied; *mn* protesters
descotado decolleté, low cut
descripción *fn* description
descubierto *pp* discovered, bare
descubrimiento discovery
descubrir to discover
descuento discount
desde since, from, after
desdén *mn* disgust, disdain
desdentado *pp* toothless
desdentar to draw teeth from

desdichado *pp* unfortunate, hopeless

desdoblado *pp* unfolded

desdoblar to turn back, unfold

desear to desire, wish

desempeñar to perform (a duty)

desenrollar to unwind

desenvainar to unsheath

desertar to desert

desesperadamente desperately

desgraciado unhappy, unfortunate, luckless

deshacer to undo; **deshacerse de** to get rid of

desierto *adj* deserted

desierto *n* desert

deslenguado *pp* loose-tongued, gossiper

desligarse de to cut loose from, to get rid of

desmantelado *pp* dilapidated

desmantelar to dismantle

desmayado *pp* pale, dismayed, in a faint

desmayar to be dismayed; **desmayarse** to faint

desmedrado *pp* run down

desmedrar to decrease, decay

desmochado *pp* with their tops cut off

desmochar to cut off the top of (a tree)

desnudo bare, unclothed

desoír: (3 sing: **desoye**) not to hear

despedirse to take leave of

despejado *pp* clear, unobstructed

despejar to remove impediments from, clear

despertar to awaken (someone); **despertarse** to wake up

despoblado *pp* unpopulated

despoblar to depopulate

despreciar to scorn, look down on

despropósito nonsense

después after

destacarse to stand out clearly

destartalado *pp* scantily and poorly furnished

destello sparkle, flash

destemplado *pp* disconcerted

destemplar to disorder, alter; to disconcert

desteñido *pp* discolored, bleached out

desteñir to discolor

destino destiny

destruir: (1 sing **destruyo**) to destroy

desvencijado *pp* dilapidated, rickety

desvencijar to loosen, disunite, rupture

desviar to avert, sway, change course

detalle *mn* detail

detener to detain

detrás behind, in back of; **detras de** behind, in back of

devolver to return

devorado *pp* devoured, eaten up

devorar to devour

día *mn* day

diagnóstico diagnosis

dialéctico dialectic

diálogo dialog

diatriba diatribe

dictador *mn* dictator

dictadura dictatorship

dictaminar to pass judgment, lecture

dictar to dictate; to command, prescribe, direct; to inspire, suggest, prompt

diente *mn* tooth

diez ten

diferir to differ; **diferir en especie** to differ from others

difunto dead

dilatado large, vast, extensive

dinero money

dirección *fn* direction

dirigir   to direct, to turn
disco   record
disculpa   excuse, apology
disentir   to dissent, argue, disagree
disimular   to cover up, pretend
disminuir   to diminish, grow smaller
disparar   to shoot
disparo   explosion, shot
disponer   to dispose, arrange, prepare; **disponer libremente** to have free reign
disposición *fn*   disposition, temperament
dispuesto *pp*   ready
distinguir   to distinguish
distraerse   to be distracted; to enjoy oneself
divergir   to separate
doce   twelve
dolor *mn*   pain
dorar   to turn gold-colored, gild
dos   two
dualidad *fn*   duality
duende *mn*   spirit, ghost
dulce   sweet, soft
dulzura   sweetness, softness
durante   during
durar   to last, endure
duro   a coin of five *pesetas*

echar   to pour forth, burst out, throw, cast aside, put forth; **echar a empellones** to push, shove out; **echarse de nuevo** to jump in again; **echarse a llorar** to burst out crying; **echarse en pos** to set out; **echarse a reír** to burst out laughing; **echarle en cara** to throw up to one, upbraid one for
edad *fn*   age
Edén   Eden, paradise
edificio   building
eficazmente   roundly, efficiently
ejemplo   example; **dar ejemplos** to give or offer examples

ejemplificar   to exemplify, give examples, illustrate
ejercicio   exercise
ejército   army
elemental   elementary
eludir   to avoid
embestir   attack; **embestir a fondo** to impale, attack violently
embriaguez *fn*   intoxication
embrollar   to muddle, mess up
embuste *mn*   lie, fraud
emerger   to emerge
emocionar   to arouse emotion; **emocionarse por** to be overcome emotionally for
empañado *pp*   blurred
empañar   to smear, blur
empastado *pp*   overgrown with grass; filled in
empastar   to fill (a tooth), to paste
empeñarse   to persist, insist
emperrado *pp*   obstinate, stubborn
empezar   to begin
empinar   to tip, incline
empleo   aim, use, employment
empujar   to push; **empujar el codo** to bend the elbow
en   in
enamorarse de   to be in love with
encantado *pp*   charming, enchanted, delighted, charmed
encantar   to charm, enchant, fascinate
encanto   charm
encerrarse   to close oneself in
encima *adv*   above; at the top, overhead; **por encima de** on the top of, over
encina   oak tree
encoger   to pull in, shorten, shrink, shrug
encogido *pp*   pulled in
encontrar   to find
enemigo   enemy
enérgico   energetic
engaño   trick, deceit

engendro product, result;
engendro de fantasía product of
(one's) fancy
enjuto lean, thin
enlutado *pp* dressed in mourning
enlutar to drape, veil, dress in
mourning
enmarañarse to become entangled
enmienda amends, amendment
ensayar to try, test, assay
ensayo essay, test, experiment
ensombrecer to cloud up, grow
dark
entender to understand
enterrar to bury
entierraburros˙ donkey-burier or
mortician
entonarse to pontificate
entonces then
entornar to half-close
entrañablemente deeply (applied
to emotion)
entrar to enter; **entrar en uno** to
become a part of oneself
entre between
entreabierto *pp* half-open
entreabrir to half-open
entrechocársele to chatter on one
entregar to hand in, hand over;
entregarse a to submit to, devote
oneself wholly to
entresijo spot, folds
entrever to glimpse
envidia envy
envidiable enviable
envolver to wrap
envuelto *pp* wrapped
epitelial pertaining to the skin,
epithelial
epopeya epic poem
equivaler to be equivalent
equivocación mistake
erizarse to set on end, to bristle,
stand up
escaparate shop window
escaparse to escape

escaramuza skirmish
escarmentar to ward off
escaso few, scarce
escena scene
escenario scenery, scene
escribir to write
escuchar to listen (to)
escudo coat of arms, shield
escudriñar to examine with care,
scrutinize
escurrir to slip away
ese, esa that; **ése, ésa** *pron* that
(one)
espacio space; **por espacio de** in
the space of
espada sword; **pez espada** swordfish
espalda back; **tener tierras a la
espalda** to have the land to one's
back
espantoso frightening, frightful
esparver sparrow hawk
espasmo spasm
especial special
esperar to hope, wait for
espiral *mn* spiral
espíritu *mn* spirit
espléndido splendid
esponja sponge
esquina street corner
establecer: (1 sing **establezco**) to
establish, determine
establecimiento establishment
estallar to explode, burst
estancia room, place
estantería shelf
este, esta this; **éste, ésta** *pron* this
one, the latter
estilo style
estimular to stimulate
estirado *pp* extended
estirar to extend
estrambótico eccentric, odd, strange
estrella star
estrellarse (contra) to hit, crash
against

estremecimiento shudder
estómago stomach
estrofa strophe, stanza
estulticia foolishness
evaporar to evaporate
exagerar to exaggerate, magnify
excelencia excellence
excéntrico eccentric, extravagant
exigir to demand (of)
existir to exist
explicación *fn* explanation
explicar to explain
expulsado *pp* expelled
expulsar to expel
extrañarse to find strange; to become uneasy
extrañeza surprise, bewilderment
extraño strange, odd; *mn* stranger
extraordinario extraordinary

fábula fable
facción *fn* face, features of the face
fácilmente easily
factura bill
falange *mn* joint
falda skirt; **faldas superpuestas** dressed in skirts, wearing skirts
falso false
faltar to be lacking
fallo failure; **salpicada de fallo** interspersed with stops, failures
familia family
familiar familiar; of the family
fango mud
fantasía fantasy
fastidiar to annoy
fastidio annoyance
fatiga fatigue
favorable favorable
faz *fn* face
felicidad *fn* happiness
fémur *mn* femur, thighbone
feroz ferocious
fiar to answer for; to bail; to sell on trust; to entrust, confide; **fiarse de** to have confidence in

fiebre *fn* fever
fijar to fix, fasten, settle, establish
fijarse en to notice
fijo fixed, set
fin *mn* end
final *mn* end, finality
fino polite, fine
físico physical
fisionomía, fisonomía features
flaco thin
flacura leanness
fleco fringe, purl, flounce
flequillo little fringe, purl; **tirarse del flequillo** to pull at one's bangs
flor *fn* flower
fofo soft, lightweight
folleto pamphlet, booklet
fondo bottom, depth; **a fondo** thoroughly
forma form, shape
fortaleza fort
fosa grave
fragmento fragment
fragor *mn* noise
frasco bottle, flask
frase *fn* phrase, sentence
freír to fry
frente a opposite, facing, in the presence of; **se supo frente a** he realized he was in the presence of
frío cold
fruncir to gather; to contact, reduce; **fruncir el morro** to frown
fruta fruit
fuego fire
fuelle *mn* bellows
fuente *fn* fountain
fuera *adv* outside
fuerte strong
fuerza strength
fulanito so-and-so
fulgor *mn* brilliancy
fusilar to shoot
fusilería musketry

gafas   glasses; **gafas ahumadas**
  dark glasses
gallinero   chicken coop
gamberro   dropout, bum
gana   desire, wish
ganar   to earn
garantía   guarantee
gemido   groan; **gemido entrecortado**   confused groan
general *adj* and *mn*   general
gente *fn*   people
gentío   crowd, multitude
geranio   geranium
gesto   gesture
glorieta   bower, arbor
glosa   gloss, comment, marginal
  commentary
gobierno   government
goce *mn*   pleasure
golpe *mn*   blow, knock
gordo *adj* and *mfn*   fat, portly
gran *adj*   (shortened form of **grande**
  before a singular noun)   great
grande   large, great
gravemente   gravely
gris *adj*   gray
grises   grays, the civil police
gritar   to shout
grotesco   grotesque
grumo   cluster
grupa   rump of a horse
grupo   group
guapo   attractive, good-looking
guarecerse   to take shelter or refuge
guarecido   sheltered, protected
guarro   piggish, dirty
gubernativo   gubernatorial
guerra   war
guerrero *mn*   warrior; *adj*   warlike,
  martial
guisar   to cook
gustar   to please

haber *auxiliary verb*   to have;
  haber de   to be expected to;
  haber que + *inf*   to be necessary to

habilidad *fn*   ability, aptitude
hábito   habit, custom
hablar   to speak
hacer   to make, do; **hacer** + *inf*
  to have (someone do something);
  hacer caso a   to pay attention to;
  hacer el papel   to play the part;
  hacer porquerías   to do nasty
  things; **hacer un alto**   to stop,
  pause; **hacer(le) una faena a uno**
  to make trouble for someone;
  hacer una vedija   to make
  designs in the air
hacerse   to become; **hacerse
  simpático**   to be nice; **hacerse con**
  to get hold of; **hacerse el sordo**
  to pretend to be deaf
hacia   toward
¡hala! *interjection*   hey!
halagado *pp*   flattered
halagar   to flatter
hallar   to find
hartarse   to become fed up
harto   sufficient, full, complete;
  harto mejor   much better
hasta   until
hastío   disgust
hay   there is, there are; **hay quien**
  there are those who
hazaña   feat, exploit
hebilla   buckle
hecho *mn*   fact, deed, accomplish-
  ment
hecho *pp*   done, made; **hecho de
  propósito**   perfectly fitting
hedor *mn*   stench
herida   wound
hígado   liver; **hígado trastornado**
  liver condition
hija   daughter
hijo   son
hilera   row
hipos   hiccoughs
hiriente   stinging, biting, offensive
histórico   historical

histriónico histrionic
hombre man
hombro shoulder
hombrón big, lusty man
hondo deep
hora hour
horizonte *mn* horizon
horripilante *adj* hair-raising,
  horrifying
horror *mn* horror
hueco *adj* hollow, empty
hueso bone
huir to flee
humano human
humedad *fn* humidity
humilladísimo feeling very crushed
humillado *pp* humiliated
humo smoke
humorista *mfn* humorist
humorístico humorous, funny

ideal *adj* and *mn* ideal
identidad *fn* identity
ilustre illustrious, distinguished;
  ilustre de made distinctive by
impacientarse to become impatient
impedir to prevent
impeler to impel
impertinencia impertinence
implicar imply, implicate
implícito implicit, understood
importar to matter, be of
  importance
impresión *fn* impression
imprevisible unforeseeable,
  unpredictable
impulso impulse
inapelable unimpeachable
incansablemente tirelessly
incendiar to put ablaze, set afire
incendio fire
inclinar to incline, lean toward
incluso even
incomodar to disturb,
  inconvenience
incómodo uncomfortable

incompatible incompatible
incorporación *fn* incorporation
incorporar to incorporate, unite,
  embody; **incorporarse** to sit up
  (in bed); straighten up
increíblemente unbelievably
incrustado *pp* resting on
incrustar to encrust, encase, inlay
indemnización *fn* compensation,
  indemnity
independencia independence
indicación *fn* indication
indicar to indicate
índice *mn* index, level
indignado *pp* irritated, angry
indignar to irritate, anger
inducir: (1 sing **induzco**)   to
  induce, persuade
infamia infamy
infante infantry soldier
infantil infantile, childlike
infeccioso *mfn* person suffering
  from an infectious disease
infinito infinite
infundado unfounded
Inglaterra England
inglés, inglesa *adj* and *mfn*
  Englishman, Englishwoman,
  English
injusto injust
inmediatamente immediately
inmóvil motionless, fixed
inocencia innocence
inquirir to look into, inquire
insinuar to insinuate, suggest;
  insinuarse to creep in
insistencia insistence
insistir (en) to insist (on)
insólito unaccustomed, unusual,
  uncustomary
insoportable unbearable,
  intolerable
inspector inspector
inspirar to inspire
intención *fn* intention, intent
intentar to intend, attempt

interesar to interest

interiormente internally, inwardly

internar to send into the interior of a country; to order placed (in an institution), to place; internar en to go into the interior of, to enter deeply into (a subject)

interponer to interpose

interpretar to interpret; to give a musical rendition

interrogar to interrogate

interrogatorio interrogatory

interrumpir to interrupt

intersticio *mn* fold

íntimo intimate

intolerable intolerable

introducir to introduce

intuición *fn* intuition

inútil useless, futile

invadido *pp* invaded

invadir to invade

invalidar to invalidate

inverosímil *adj* unlikely, improbable

invertebrado invertebrate

ir to go; irse to go off, go away, continue; irse pudriendo to rot away

Irlanda Ireland

irreparable irreparable

irresistible irresistible

irrumpir to raid, break into

isla island

izquierdista *mfn* leftist

izquierdo left; a la izquierda on the left

jamás ever; never

jardín garden

jinete troop, cavalryman, rider, horseman

jirón *mn* shred, tatter

jornada one-day march; working day; journey, travel, trip; opportunity, occasion, circumstance

judío, judía *adj* and *mfn* Jew, Jewish

jugada act of playing; throw, move; mean trick

jugar to play; jugar a ser otro to pretend to be another; jugar a tomarlo por aquel otro to pretend to take him for the other

juicio judgment, decision, prudence, wisdom

junto together; junto a next to

jurado judge of a contest, juryman

justificar to justify; justificarse to vindicate oneself

kilómetro kilometer (about 0.62 mile)

labio lip

lacio straight

ladear to tilt, incline to one side

ladino cunning fellow

lado side; de medio lado half-turned

lagarto lizard

lágrima tear

lanzarse to lurch forward, to jump forward

largar to expel; set free; loosen; largarse to leave, get away

largo long

¡lárguese! *imp* get out!

larva larva

lástima pity, shame; es lástima it's a shame

lata tin can, can of foodstuff

latido beat, throb

latín Latin

latir to beat, pound

lector *mn* reader

lectura *fn* reading

leer to read

legua league, measure of length; muchas leguas a great distance

lejanía distance; remote place

lejano far distant

lengua tongue; language
lente *mn* monocle, eyeglass
levantamiento uprising
levantar to raise, lift; **levantarse**
  to get up, raise; **levantar (la)**
  cabeza to be up and around
leve light, slight
ley *fn* law
liar to tie, bind, do up; **liarse a** to
  be associated with; to take to
librar to free
libro book
limpio clean
lineal *adj* linear
lisa river fish
litigio lawsuit
lo *direct object pron* him, it, you;
  neuter subject pron the (matter,
  business, thing); **lo que** what,
  that which; **lo de menos** the
  least important; **a lo que**
  according to what
locura madness
lograr to get, obtain
locutorio público public telephone
  booth
lona canvas; **lona desplegada**
  flapping canvas
Londres London
lotería lottery
lubina haddock
lucero star
luces *fnpl* glories, splendors
lucir to shine, light
luego then, later, afterward
lugar place
lunático moonstruck, mad
lupanar brotl el

llamar to call; **llamarse** to be
  called, named; **llamar al orden**
  to put, call on the carpet
llano level, smooth, uneffected,
  plain
llanura *fn* plain
llegar to arrive

llenar to fill
lleno full
llevar to take, carry; **llevarse** to
  carry away, take away
llorar to cry
llovizna shower, drizzle

madre mother
majestuoso majestic
mal *mn* illness, complaint
maligno malignant
malo bad
maltratar to mistreat
mandar to order, send
mandato mandate, order, command
mandíbula inferior jawbone
manera way, manner; **de manera**
  que so that
maniquí *mn* figure, dummy
mano *fn* hand
mantener: (1 sing **mantengo**) to
  maintain, sustain; **mantener sus-**
  penso to hold in suspense, keep
  in suspense
manual manual
manzanilla white wine
mañana *adv* tomorrow; *fn*
  morning
mar *fn* sea
maravilla miracle; **a las mil**
  maravillas marvelously well
marca brand; impress; make
marcharse to leave
maricón male homosexual; **tener**
  pinta de maricón to have the
  look, appearance of a male homosexual
marido husband; **marido y mujer**
  husband and wife
mariposa butterfly
marítimo, –a maritime, of the sea
martes Tuesday
más more
masón, Mason, Freemason
matar to kill; **matar a puntapiés**
  to kick to death

materialismo   materialism
matón   bully
matrona   matron
mayor   older; bigger
medianamente   so-so, fairly; medianamente a fondo   more or less in depth
medio: por medio   in between
médico   doctor
medida   measure; a medida que   as, at the same time as
mejilla   cheek
mejor   better; harto mejor   much better
melena   mane
melodiosamente   melodiously
membrete *mn*   letterhead
memoria   memory; repetir de memoria   repeat by heart
menesteroso   needy person
menestral *mn*   mechanic, workman
menganito   so-and-so
menor   smaller, younger
menos   less
menosprecio   contempt, scorn
mentar   to mention
mentir   to lie
mentira   lie
mercado   market
merecer   to deserve
merluza   hake
mes *mn*   month
metafísico   metaphysical, philosophical
meter   to put in; meterse   to meddle, interfere, plunge into; hasta meterse   until reaching
mezcla   mixture
mezclado *pp*   mixed
mezclar   to mix
miedo   fear; tener miedo   to be afraid
mientras   while
mil   one thousand
milagroso   miraculous
mímica *fn*   sign language

minuto   minute
mío, mía *possessive pron*   mine
mirada   glance, look
mirador *mn*   observation tower
mirar   to look (at)
misa   mass; misa del gallo   midnight mass on Christmas Eve
miserable   miserable
mismo *adj*   same, very; lo mismo que   the same as
misterioso   mysterious
mitad *fn*   half, middle; en mitad de   in the middle of
mitología   mythology
modo   mode, manner, fashion; de modo que   so (that); modo de ver   point of view
modulado *pp*   modulated
modular   to modulate
moler   to thrash, pulverize
molido *pp*   pulverized
molino   windmill
momento   moment
moneda   money, coin
montaña   mountain
monte *mn*   mount, mountain
moraleja   brief moral observation, maxim
moreno *mn*   brunette; dark
morro   snout; anything round like the head; head; fruncir el morro   to frown
mostrador *mn*   counter (in a shop)
mostrar   to show; mostrarse   to show oneself, appear
moverse   to move
movimiento   movement
muchacho   boy
mucho   much; *pl* many
mudo   mute
mueble *mn*   piece of furniture
mueblé *mn*   bordello
mueca   gesture; grimace
muela   molar
muerto *mfn*   dead one
mugidor   carrying a roaring sound

mugre *fn* dirt, filth
mujer woman
multa fine, summons; **clavar una multa** to slap a fine on
mundo world
murmurar to murmur, mutter
museo museum
musiquilla *fn* music
musitar to mumble, mutter, whisper; **musitar un sí es no es azarado** to mumble an indefinite answer
muy very

nacional national
nada nothing
nadie no one, nobody
nariz *fn* nose
narración *fn* narration, narrative
narrador narrator, storyteller
narrar to narrate, tell
navaja razor
navío warship
necesidad *fn* necessity
necesitar to need
negro, negra *adj* black; *mfn* black man, black woman
nena baby
nieve *fn* snow
ningún (shortened form of *ninguno* before a masculine noun) no, not any
ninguno no one, not any, none (of a class or series previously mentioned)
noche *fn* night
nochebuena Christmas Eve
nombre *mn* name
nostalgia nostalgia
novela novel
novia sweetheart, girl friend
nube *fn* cloud
nueve nine
nuevo new
nunca never

objetivo objective
obligar to obligate, make obligatory
ochenta eighty
odisea odyssey, long journey with many difficulties
oír to hear
ojo eye
oler to smell
olfatear to smell, sniff
olor *mn* smell
olvidar to forget
ondular to ripple
opaco opaque
opuesto *adj* opposed, opposite, contrary
orar to pray
órdago first-rate
oso bear
otro *adj* and *n* other, another

padre father
pagar to pay
página page
país *mn* country
paisano countryman
pájaro bird
palabra word
pálido pale
palo stick, pole
paloma dove; **paloma mensajera** carrier pigeon
pamplina trifle
pandereta tambourine
panoplia arms collection
pantalones trousers
papel *mn* paper; role; **hacer el papel** to play the part
par *adj* equal; *mn* pair, couple; **a la par de** beside, side by side with
para for, to, in order to
páramo high, cold region
parar to stop
parco sparse
parecer to appear, to seem; **parecerse a** to look like, resemble

paredón *mn* large standing wall

pareja pair

párpado eyelid; **párpado superior** eyelid

parque *mn* park

párrafo paragraph

parte *fn* part, portion

partido *pp* departed; *n* party, faction, group; **partidos judiciales** judicial districts

partir to leave

pasaje *mn* passage

pasaporte *mn* passport

pasar to pass; **pasar a** to defect; **pasarse la vida** to spend one's life

pascua Easter, Christmas; ¡**santas pascuas!** that's that!

pasearse to stroll; **pasearse por** to stroll through

¡**pasen!** *imp* come in!

paseo *mn* walk, promenade

pasillo short step; passage

pasión *fn* passion

paso pace, step

pastoral *adj* pastoral, of the countryside

pata paw

patetismo pathos

patriotismo patriotism

patrullar to patrol

pausado *pp* paused

pausar to pause

pavo turkey

pavoroso frightful, terrible

pecado sin

pecho chest

pedir to ask for; **pedir(le) prestado** to ask someone for a loan

pegar to strike, beat; **pegar un tiro a** to shoot

pelado *pp* hairless; **cuello pelado** clean bare neck, plucked of feathers

pelar to cut the hair off; to peel

pelo hair

pender to hang; **pender desmayado** to hang useless or unattended

pensar to think

penúltimo penultimate

penumbra penumbra, shadow

peón laborer; pedestrian

peor worse, worst; **lo peor** the worst part

pequeño small

percibir to perceive

perder to lose

perdón *mn* pardon, forgiveness

perdonar to forgive

perdurar to last, endure

perecer to perish

periódico periodical, newspaper

perjudicar to damage, injure

permanecer to stay, last

permitir to allow

pero but

perplejo vexed

perro dog

perro *adj* doggish

personaje *mn* literary character

personal personal

perspicaz acute, clear-sighted

pertenecer to belong

pesadilla nightmare; **de pesadilla** nightmarish

pesar to weigh, have weight; **a pesar de** in spite of

pescado *pp* picked up; *mn* fish (when caught)

pescar to fish; to pick up

pescuezo neck; throat

pez: (plural **peces**) *mn* fish (in the water)

pícaro *adj* roguish; *mn* rogue

pico beak

pie *mn* foot

piedra stone

piedrecita small stone, pebble

piel *fn* skin

pierna leg

pieza room

pino pine; **pino sin cepillar** unplaned, rough pine

pintoresco, –a *adj* picturesque

pío *mn* peeping of chickens; longing, anxious desire; **sin decir ni pío** without a peep, word

pisar to tread on, trample

piso floor; apartment

planta plant

plantado planted, erect, set up; **dejar plantado** to walk out on

plantar to plant; to strike a blow; **plantarse** to balk

playa beach

Player English cigarette

plaza central square, center

plegar to fold

plomo lead (metal)

pluma pen; feather; plume

poblar to populate, inhabit

pobre *adj* poor; *mfn* poor one

pobrecito *mfn* poor little one

poco *adj* little, a little; *pl* few

poder to be able, can; *mn* power, ability

poderoso powerful

podredumbre *fn* decomposition

policía *fn* police; *mn* policeman

polilla moth; **a polillas** of moths

político *adj* political; *mn* politician

polvo powder, dust

polvoriento dusty

poner to put; **poner en relieve** to describe in detail; **ponerse** to become; **ponerse a** to begin to; **poner los brazos en jarras** to put (ones) arms akimbo; **ponerse de pie** to stand up

popa *fn* behind

por by; through; for; **por eso** hence, wherefore; **por lo tanto** therefore; **por más que** no matter how many

¿por qué? why?

porquería nastiness; mess; worthless thing; **hacer porquerías** to do nasty things

portazo slamming of a door; **dar un portazo** to slam a door

porvenir *mn* future

posarse to lodge; to rest; to perch

posición position

posterior posterior; later

práctico convenient

precio price

precioso precious (often a term of endearment)

precisión *fn* precision; exactness

predominar to predominate; overpower

preferir to prefer

pregón *mn* proclamation

pregunta *fn* question

preguntar to ask

prematuramente prematurely

prender to seize

prensa press (newspaper)

preocupar to preoccupy; **preoccuparse** to worry

preparativo preparation

presencia presence

prestado *pp* lent

prestar to lend

pretendiente suitor

pretensión *fn* pretension, claim

pretexto pretext

primario *adj* primary

primero *mn* first one; *adj* first

principio beginning; **al principio** in the beginning, at first

prisa haste

prisión *fn* prison

probablemente probably

probar to try

proceder to proceed; *mn* conduct, behavior

procedimiento procedure

proclama proclamation

proclamar to proclaim

procurar to endeavor, try; to manage

producir: (1 sing **produzco**) to produce

programa *mn* program

pronto very soon; **de pronto** suddenly

propio one's own

proponer to suggest, propose

proporcionar to furnish, supply, provide

propósito purpose; **hecho de propósito** a propos, perfectly fitting

propuse: (1 sing pret of **proponer**) I suggested

prorrumpir to burst out, break forth

prosa prose

proseguir to prosecute; to go on, continue

prostituta prostitute

protagonista *mfn* protagonist, principal character

protesta protest

provocar to provoke, rouse; to promote

próximo next; close

proyectar to design; to plan

proyecto project, plan

público public

pudrir to rot

pueblo town, village

puerta door

pues since; because, for

puesto post; **puesto que** since

pulmonía pneumonia

punta end; point

puntapié *mn* kick (with the tip of the shoe); **matar a puntapiés** to kick to death

puntería aim; pointing a weapon

punto point; verge; **a punto de** on the verge of

puñado handful

puro pure

que *relative pron* who, whom, which, that

que *conj* because

¿qué? which?, what?

quebrado *pp* broken

quebrantado *pp* broken

quebrantar to break

quebrar to break, crush

quedar to stay, remain; **quedarse** to stay, remain; **quedar de una pieza** to be stumped

quemadura burn

quemar to burn; **quemarse** to get burned

querer to wish, want; **querer decir** to mean

quien *pron* who, whom; **hay quien** there are those who

¿quién? *pron* who?

quieto quiet

quimismo chemistry

quitar to take off; **quedar por quitar** to be left to remove, for removing

racimo bunch, cluster; **en racimo** in clusters

radiante radiant, shining

raer to fray

raído *pp* frayed, threadbare

rama branch

ranura slot

rape *mn* hair cutting; **al rape** cut short, cropped

rapiña rapine, robbery; **ave de rapiña** bird of prey

rascar to scratch; **rascarse** to scratch oneself

rasgo traced line

rayado *pp* streaky; scratched

rayar to draw lines; to scratch

rayo   ray, beam; misfortune, scourge, sudden havoc; **mal rayo le parta** the devil take him

razón *fn*   reason; **tener razón** to be right

razonable   reasonable; **razonablemente**   reasonably, logically

reacción *fn*   reaction

reaccionar   to react

realidad *fn*   reality

realizar   to succeed in, realize (a goal)

rebaño   flock; **en rebaño**   in flocks

rebasar   to sail past

recaer   to return; to fall back

recelar   to fear, distrust

recibido *pp*   received

recibir   to receive

recinto   place

reclamar   to claim, demand

recobrar   to recover, recuperate

recoger   to retake, take back; to gather, pick; **recoger un poco** to rearrange a bit; **recogerse** to remove, to withdraw

reconocer   to recognize

reconstituyente   reconstituent (pharmaceutical)

recordar   to remember

recorrer   to travel

recortarse   to be outlined

recto   straight; erect; righteous, just

recuadro   article; square compartment

recuerdo   memory

recuperado *pp*   recovered

recuperar   to recover

recurrir   to resort; to revert

recurso   recourse; resource

redoble *mn*   roll of a drum

reemplazar   to replace

refilón *adv*   obliquely, askance; **de refilón**   askance

reflejar   to reflect

reflexión *fn*   thought, reflection

reformar   to reform

regimiento   regiment

regla   rule; order; **en regla**   in order

regresar   to return

reintegro   refund

reírse   to laugh; **reírse a carcajadas** to roar with laughter

relámpago   lightening; lantern, light

relato   story, narrative, tale

relente *mn*   dampness

remediar   to remedy, cure

remedio   remedy

rememorar   to recall

remendón *adj*   one who patches or mends; **zapatero remendón**   shoe repairman

remolino   whirl, whirlwind

remontarse   to rise

rencoroso   resentful, spiteful

rentista   financier, landholder; one who lives on a fixed income; **señoras rentistas**   women with fixed incomes

repartir   to divide, distribute

repasar   to review

repetir   to repeat

repiqueteo   ringing of bells

replicar   to reply, answer; to contradict, argue; to answer a defendant's plea

reposo   rest, repose

reprender   to scold, reproach

representar   to represent

reprimir   to repress

reprobación *fn*   reprobation

reproducir   to reproduce

republicano   republican

resbalar   to glide

resecar   to dry thoroughly

reseco *adj*   dried up

resentido *mfn*   offended person

resistir   to resist

resolución *fn*   resolution

resonancia   resonance

resonar   to resound, echo

respetar   to respect

respirar   to breathe

responder to respond
restringido restricted, constrained
restringir: (1 sing **restrinjo**) to restrict, restain
resuello escaping air
retina retina of the eye
retirado *pp* retired, solitary, isolated
retirar to withdraw, put aside;
  retirarse to retire
retiro place of retirement, retreat
retomar to take up again
retórico rhetorical
retroceder to step back
retrospectivo retrospective
reuma rheumatism
reunir to meet, have a meeting;
  reunirse con to meet, meet with
revelador *adj* revealing
revelar to reveal
reventar: (e > ie) to burst; to blow up
revestir to put on
revolución *fn* revolution
rey king
rezagado straggler; **escasos transeúntes rezagados** the few stragglers
ridículamente ridiculously
rigor *mn* rigor; sternness; **en rigor** actually, really
rincón *mn* corner
rinconada corner, remote area
rítmicamente rhythmically
ritmo rhythm
robar to rob, steal
robusto robust
roca rock
rodado *pp* turned
rodar to roll; to turn, revolve
rodeado *pp* surrounded
rodear to surround
rodilla knee
romántico *adj* romantic
rompiente *mn* a break in the land
ron *mn* rum
roncar to snore; to roar

rondón suddenly, abruptly; **de rondón** suddenly, abruptly
ronquera huskiness, hoarseness
ronquido rattling sound
rostro face
rozar to graze, touch lightly
rubio blond
rubricar to imprint
rudimental rudimentary
ruido noise
rumor *mn* rumor, report; sound of voices, murmur
ruta route, way

saber to know
sabiamente skillfully
sabiduría knowledge
sabor *mn* taste, flavor
sacar to take out, take away; to get out; **no sacar ni cinco** not to get a cent from
¡sácate! *imp* get away!
sacerdote priest; **Gran Sacerdote** High Priest
saciedad *fn* satiety
sacudir to shake, shake off
sala living room
salir to leave; **sale el sol** the sun is rising; **salir bien** to come out well
salmonete *mn* surmullet (fish)
salpicado *pp* sprinkled; splashed; **salpicado de fallos** interspersed with momentary stops (lit., failures)
salpicar to sprinkle, splash
salpullido rash
saltimbanquí mountebank, quack, trifler
salud *fn* health
saludar to greet
salvo except
sangre *fn* blood; **inyectado en sangre** bloodshot
santo *mn* saint; *adj* saintly;
  ¡santas pascuas! that's that!;

santo y seña watchword, password
sarampión *mn* measles; **sarampión maligno** bad case of measles
sardina sardine
sartén *fn* frying pan
saturado *pp* saturated
saturar to saturate
seco dry, arid
secretario *mn* secretary
secreto *n* secret; *adj* secret
secundario secondary
seguido *pp* continued; followed; **en seguida** immediately
seguir to continue; to follow
según according to
segundo second
seguridad *fn* certainty
seguro *adj* sure, certain
seis six
selecto sensitive, aristocratic, distinguished
semejante *adj* similar
semejanza similarity; **a semejanza de** like
semioculto half-hidden
sempiternamente externally, habitually; **sempiternamente enlevitado y enlutado** forever (dressed) in a frock coat and in mourning
sensación *fn* sensation
sensiblemente sensibly
sentar to seat; **sentarse** to sit down
sentido *mn* sense; logical content, meaning; **dar otro sentido a** to give another meaning to
sentimiento feeling
sentirse to feel
señalar to point out, indicate
señor gentleman
señora woman, lady; **señoras rentistas** women with fixed incomes
sepelio burial
ser to be; **ser capaz de** to be

capable of; **ser humano** *mn* human being
sereno night watchman
serpentino serpentine; winding, sinuous
serpiente *fn* serpent; **serpiente pitón** python
servir (de) to serve as, be used as
sesenta sixty
setenta seventy
si if; **casi lo mejor si** the best thing (to do) if . . .
sí yes
siempre always
sien *fn* temple
siguiente *adj* following, next; **lo siguiente** the following
silbar to whistle
silbido *mn* wheeze
silencio silence
silenciosamente silently
silencioso silent
simpatía sympathy
simpático sympathetic; friendly; **hacerse simpático** to be nice
simplicidad *fn* simplicity, plainness
simular to pretend
sin without; **sin decir ni pío** without a peep, word
singular unique; individual
sino but
siquier, siquiera *adj* and *conj* at least; though, although; **ni siquiera** not even
sitio place, room; **poner sitio a** to chase after (lit., to lay siege)
slogan *mn* slogan
soberbia arrogance, haughtiness
sobre upon
sobrecoger to seize
sobretodo *mn* overcoat
sobrevenir: (1 sing sobrevengo) to take place, happen
sobrevivir to survive
soga rope, noose
sol *mn* sun

solamente *adv* only
soldado soldier
soledad *fn* solitude
solemnidad *fn* solemnity
soler to be in the habit of
solicitar to solicit
solidaridad *fn* solidarity
solitario solitary
sollozo sob
sólo *adv* only
sombra shadow
someter to submit
sonar to sound
sonido sound
sonrisa smile
soñador *mn* dreamer
soñar to dream
soportar to bear, put up with; to support
sordo deaf; hacerse el sordo to pretend to be deaf; to ignore
sorprender to surprise
sorprendido *pp* surprised
sorpresa surprise
sospechoso suspicious
sostener to sustain
su *possessive adj* his, her, its, your, their
subir to go up; to bring up; to carry up
suceder to happen
sucedido *pp* happened
sucinto *adj* succinct, to the point
sudor *mn* sweat
suelo floor; bottom; ground
sueño dream; sleep
suerte *fn* luck
sufrir to suffer
sugerir: (e > ie) to hint, insinuate, suggest
sugestionar to influence
suicidarse to commit suicide
sujetar to hold fast, catch, grasp
superioridad *fn* superiority
súplica entreaty; request
supo: (3 sing pret of saber) he

(she, it) found out; knew; se supo frente a he realized he was in the presence of
supuesto *pp* supposed; por supuesto of course
sur *mn* south
suspiro sigh; breath; glass whistle; short pause (in music); ladyfinger (cake); lady's slipper (flower)
susto fright; dar un susto to jolt, frighten
susurrar to whisper; to murmur
suyo *possessive pron* his, hers, its, yours, theirs

taberna tavern
tabernero tavern keeper
tabla plate; board, plank; slab
tal such; el tal this fellow
taladrar to give a piercing glance
tamaño *mn* size; *adj* such
tambor *mn* drum
tampoco neither
tan *adv* so, as, so much, as well, as much
tantear to try
tanto *adj* so many, as much; very great; *adv* so much, so many; entre tanto meanwhile; en tanto while
tañido sound (musical), tune
tapar to cover up; tapar un agujero to close an opening
tapia mud wall, adobe wall
tapiz *mn* tapestry
tarde *fn* afternoon; *adj* late; a la caída de la tarde in the late afternoon
tatarabuelo great-great-grandfather
taza cup
té *mn* tea
técnico technical
tejado roof
telaraña cobweb
tema *mn* theme, central idea
temblar to shake, tremble

temblor *mn* tremor, trembling
temer to fear
temporada season; spell (of weather); **una temporada** once
tener to have; **no tener nada que ver con** to have nothing to do with; **tener cuartos** to have means; **tener ganas de** to feel like; **tener hambre** to be hungry; **tener miedo** to be afraid; **tener muy mala folla** to have a very bad temper; **tener tierras a la espalda** to have the land to one's back; **tener que ver con** to have to do with, pertain to
tenia tapeworm
tentar to touch, feel with the fingers; to grope; to try, endeavor, attempt; to test, probe; to tempt
tercero third
terminar to end, terminate
terror *mn* fright
tesis *fn* thesis, theme
testamento testament, will
tiburón *mn* shark
tiempo time; **a su tiempo** at the same time
tienda tent
tierra earth, ground; **tierra adentro** in the inland regions
timbre *mn* bell
tirantez *fn* strain produced by weight
tiranuelo petty tyrant
tirar to waste; to draw; to cast off; to use up; **tirarse del flequillo** to pull at one's bangs; **tirarse** to walk; **tirarse de la manga** to pull at one's sleeve
tiro shot; **pegar un tiro** to shoot
tirón *mn* gulp; **de un tirón** in one gulp
tiroteo volley of shots
tocadiscos record player
tocar to touch; to play (a musical instrument)

todavía yet, still
todo *adj* all, whole, every, each; *mn* all, whole, everybody
tono tone
torbellino whirlwind
torcer to twist; to turn
tormenta *fn* torment; storm
torno lathe, winch; brake of a carriage; bend in a river; **aleteando en torno** hovering around
toro bull
torpe slow, heavy, dull; stupid; **torpe cadena** awkward sequence
torturar to torture
trabajar to work
traducí *imp,* i.e. **traduce** translate
traducir to translate
tragar to swallow, gulp down
trágico tragic
trago drink, swallow
trancar to lock
trance *mn* critical moment
tranquilamente quietly
tranquilo quiet
transcurrir to pass
transeúnte *mfn* passer-by
transmitir to transmit
tras after
trastienda back-room
trastornado *pp* upset, topsy-turvy, turned upside down; **hígado trastornado** a liver condition
trastornar to upset, turn upside down
tratar to treat; to discuss; to handle; **tratar de** to treat of, deal with (a subject); to try (to); **tratarse de** to treat or deal with; to be a question of
través inclination, bias; **a través de** through
treinta thirty
tremendo tremendous, dreadful, terrible; huge, excessive; **por la tremenda** to the law courts
tremular to tremble, shake

trémulo tremulous
trepar to climb
tres three
treta trick, craft
tristemente sadly
triunfar to triumph
tronco trunk; stem, stalk
trozo fragment, extract, piece
tuétano marrow
tumba tomb, grave
turbador *mn* disturber
turbio turbulent, troubled

último last
umbral *mn* threshold; beginning
único only; lo único the only thing
unidad *fn* unity
unísono unison
urdir to scheme, plot
usura *fn* usury; profit
usurpar to usurp
útil useful
utópico, –a utopian
uva grape; ir a poner de mala uva going to anger

vaciar to empty, pour out
vacilar to vacillate
vacío empty
vacuidad *fn* emptiness
vago roaming; winding; vague
valer to be worth; valerse de to make use of; to have recourse to, avail oneself
valiente valiant, brave; strong
valor *mn* valor, worth
vanidad *fn* vanity
vano vain
variedad *fn* variety
vaso glass
vecino *mn* neighbor; *adj* neighboring
vedija tangled hair; hacer una vedija to make designs in the air
veintitantos twenty plus

veintiuno twenty-one
vejado *pp* censured; vexed; scoffed at
velar to watch over, keep vigil
vencimiento conquest, victory; maturity, expiration
vendedor vendor; vendedores callejeros street vendors
vengar to avenge, take revenge on
vengativo vengeful
venir to come; venírsele encima to fall in on one; venir al caso to be relevant
venta inn; sale
ventana window
ver to see; modo de ver point of view
veras *fnpl* reality, truth; de veras really, in truth
verdad *fn* truth
verdadero true, actual
verde green
verdugo executioner
vergüenza shame
verídico, –a truthful
verosímil *adj* likely, logical
verosimilitud *fn* probability, likelihood
versallesco imperious
verso verse
vértigo vertigo, dizziness; fit of insanity
veterinario veterinarian
vez *fn* time; tal vez perhaps; otra vez again; cada vez más more and more
vida life
vidrioso glassy
viejo old
viento wind
vientre *mn* stomach
vigilancia plain-clothes branch of police
vigilar to watch over
vincular to connect; to ground or found upon; to perpetuate

vino:(3 sing of **venir**) he (she, you)
   came
vino *mn*   wine
violencia   violence
virtud *fn*   virtue
viscoso   viscous
visible   visible
visitar   to visit
vista *fn*   sight
visto *pp* of **ver**   seen; **por lo visto**
   apparently
vivir   to live
vivo   alive; alert
volar   to fly
voluminoso   voluminous, bulky
voluntad *fn*   will; **a voluntad**   at
   will
volver   to return; **volver a** + *inf*
   to do again; **volverse a saber**   to
   hear of or about again

voz *fn*   voice; **a voz en grito**   in a
   very loud voice
vozarrón *mn*   booming voice
vuelo   flight
vuelta *fn*   turn, return; repetition
vuelto *pp* of **volver**   returned

yacer   to lie; to be lying down
yuxtaposición *fn*   juxtaposition
yuxtapuesto, –a   placed
   contiguously

zapatero   shoemaker; **zapatero
   remendón**   shoe repairman
zapateta   slap on the sole of the
   shoe; **dar zapatetas**   to jump,
   leap for joy
zarrapastrosa   slovenly hag
zascandil *mn*   busybody
zumbido   buzzing sound